统 计 学

主编 张 楠

西北工业大学出版社

西安

【内容简介】 统计学是一门研究数据收集、整理和分析的学科,目的在于探索客观现象内在的规律性,以便认识客观事物。本书共九章,主要内容包括绪论、统计数据调查、统计数据整理、数据分布特征的描述、抽样推断、假设检验、时间数列分析、统计指数与相关和回归分析。

本书可作为高等院校经济管理类相关专业学生的教材或参考书,也可以供广大统计工作者和经济管理工作人员自学和参考使用。

图书在版编目(CIP)数据

统计学 / 张楠主编. — 西安:西北工业大学出版社,2023.9
ISBN 978 - 7 - 5612 - 9019 - 4

Ⅰ. ①统⋯　Ⅱ. ①张⋯　Ⅲ. ①统计学　Ⅳ. ①C8

中国国家版本馆 CIP 数据核字(2023)第 179435 号

TONGJIXUE

统　计　学
张楠　主编

责任编辑:胡莉巾	策划编辑:华一瑾
责任校对:朱晓娟	装帧设计:侣小玲

出版发行:	西北工业大学出版社	
通信地址:	西安市友谊西路 127 号	邮编:710072
电　　话:	(029)88491757,88493844	
网　　址:	www.nwpup.com	
印　刷　者:	兴平市博闻印务有限公司	
开　　本:	787 mm×1 092 mm	1/16
印　　张:	12.125	
字　　数:	303 千字	
版　　次:	2023 年 9 月第 1 版	2023 年 9 月第 1 次印刷
书　　号:	ISBN 978 - 7 - 5612 - 9019 - 4	
定　　价:	78.00 元	

如有印装问题请与出版社联系调换

《统计学》编写组

主　编　张　楠
副主编　冯博宇
编　者　张　楠　冯博宇　吴　润
　　　　王育辉　项华春

前　言

随着我国经济的迅速发展，各行业各部门需要大量的经济管理类技能型人才，而培养相关人才，离不开统计学。统计学的教学目标在于引导学生探索客观现象内在的规律性，以便其认识客观事物。笔者从这点出发，紧密结合社会需求，特编写了本书。

笔者编写本书，参考并吸收了国内外经典教材的宝贵观点，旨在帮助读者达到学习目标。本书比较全面和系统地介绍了统计学的基本原理、基本知识和基本方法，力求突出重点，难易适度，内容实用。

本书有以下特点。

一、突出重点难点

本书共九章，每章都有需重点掌握的内容，详细列出了其重点和难点，并做了适当的解释，使读者能迅速抓住本课程的实质。

二、自学自测结合

每章内容后面都有同步综合练习题，同步练习题附有答案，供读者检查自己对本章知识的掌握程度。

三、内容形象、概括

本书具有图表化、整体化、概括化、提纲化等特点，不仅能帮助读者迅速掌握知识，同时对读者的思维也会有启发作用，能有效地使读者将所学的各种理论知识运用到社会实践中去。

本书的编写分工如下：吴润负责编写第一章，项华春负责编写第二章，张楠负责编写第三至五章，冯博宇负责编写第六、七章，王育辉负责编写第八、九章，全书最后由张楠定稿。

在编写本书的过程中，参阅了大量相关文献，在此谨向其作者敬以谢意，一并感谢成书过程中对笔者给予支持和帮助的院、校领导和机关人员。

由于笔者水平有限，书中不足之处在所难免，敬请读者批评指正。

编　者

2023 年 7 月

于西安

目 录

第一章 绪论 ·· 1
    第一节 统计学的研究对象和研究方法 ·· 1
    第二节 统计学研究的分类 ·· 2
    第三节 统计学的基本概念 ·· 3
    重点和难点 ·· 8
    同步综合练习 ··· 8

第二章 统计数据调查 ·· 10
    第一节 统计调查的意义、要求和分类 ··· 10
    第二节 统计调查方案 ·· 12
    第三节 统计调查方式 ·· 15
    第四节 统计调查方法 ·· 19
    第五节 问卷调查 ·· 21
    重点和难点 ··· 24
    同步综合练习 ·· 24

第三章 统计数据整理 ·· 25
    第一节 统计数据整理概述 ·· 25
    第二节 统计分组 ·· 26
    第三节 分布数列 ·· 33
    第四节 统计表 ··· 40
    重点和难点 ··· 43
    同步综合练习 ·· 43

第四章 数据分布特征的描述 ··· 47
    第一节 数据分布集中趋势的测定 ··· 47
    第二节 数据分布离散程度的测定 ··· 59

第三节　数据分布偏态及峰度的测定 …………………………………… 65
　　重点和难点 ………………………………………………………………… 69
　　同步综合练习 ……………………………………………………………… 69

第五章　抽样推断 …………………………………………………………… 74

　　第一节　抽样推断概述 …………………………………………………… 74
　　第二节　抽样方法和组织方式 …………………………………………… 75
　　第三节　抽样分布原理 …………………………………………………… 79
　　第四节　抽样误差 ………………………………………………………… 84
　　第五节　参数估计 ………………………………………………………… 94
　　重点和难点 ………………………………………………………………… 100
　　同步综合练习 ……………………………………………………………… 100

第六章　假设检验 …………………………………………………………… 102

　　第一节　假设检验基本理论 ……………………………………………… 102
　　第二节　总体均值的假设检验 …………………………………………… 105
　　第三节　总体成数与方差的假设检验 …………………………………… 111
　　重点和难点 ………………………………………………………………… 114
　　同步综合练习 ……………………………………………………………… 114

第七章　时间数列分析 ……………………………………………………… 116

　　第一节　时间数列概述 …………………………………………………… 116
　　第二节　时间数列的水平分析 …………………………………………… 118
　　第三节　时间数列的速度分析 …………………………………………… 123
　　第四节　长期趋势分析 …………………………………………………… 126
　　第五节　季节变动分析 …………………………………………………… 131
　　重点和难点 ………………………………………………………………… 135
　　同步综合练习 ……………………………………………………………… 136

第八章　统计指数 …………………………………………………………… 140

　　第一节　指数的意义和种类 ……………………………………………… 140
　　第二节　综合指数 ………………………………………………………… 141
　　第三节　平均(式)指数 …………………………………………………… 144
　　第四节　指数体系及因素分析 …………………………………………… 145
　　第五节　几种常用的经济指数 …………………………………………… 150
　　重点和难点 ………………………………………………………………… 155
　　同步综合练习 ……………………………………………………………… 156

第九章　相关和回归分析 ·· 160

第一节　相关分析概述 ·· 160

第二节　相关系数 ·· 162

第三节　一元线性回归分析 ·· 166

第四节　线性回归分析的评价和检验 ·· 169

重点和难点 ·· 174

同步综合练习 ·· 174

附录 ·· 178

全真模拟试题 ·· 178

全真模拟试题参考答案 ·· 181

参考文献 ·· 183

第一章 绪 论

在学习本章后,学生应能够熟练掌握统计学的基本概念、基本内容、性质和分类,了解统计学的发展历程以及统计学的知识体系框架,为深入理解和掌握统计学这一专门知识体系奠定基础。

第一节 统计学的研究对象和研究方法

一、统计学的研究对象

从产生和发展过程来看,统计学的研究对象是自然现象和社会经济现象总体的数量方面。一般认为:总体的数量方面包括数量表现,即数量的多少或大小;数量依存关系,即数量联系的形式、程度等特征;质与量互变的数量界限。统计学研究对象的特点是具有数量性、综合性、客观性和社会性。

二、统计学的研究方法

统计学是研究自然现象和社会经济现象总体的数量方面的方法论科学。统计学的方法论性质与实质性科学不同。实质性科学是指其学科内容及任务在于揭示客观现象发展变化的规律,以指导人们按照客观规律的要求进行实践活动。统计学所提供的方法论科学是指导人们如何从数量方面去认识现象的特征及规律。一方面统计学离不开实质性科学的理论指导;另一方面统计学的发展有利于推动实质性科学的发展。

由于客观现象的复杂性和多样性,统计学在实践中就发展成为方法论体系。这个方法体系包括数据调查方法、数据整理方法、数据描述方法、数据推断方法、数据评价方法、数据预测方法、数据决策方法以及数据控制方法等。

需要说明的是,由于本书是给社会经济与管理专业的学生掌握的基本原理和实际从业者对其基本原理的具体应用,所以将研究对象确定为社会经济现象,研究方法只介绍数据调查方法、数据整理方法、数据描述方法、数据推断方法、以数据描述方法与数据分析方法为基础的其他分析方法,不涉及数据的评价、预测、决策、控制等方法。

社会经济统计是研究社会经济现象数据的收集、整理和分析的一门方法论学科,可以将其理解为"统计活动""数据的科学"或"应用统计学",这是社会经济统计学研究方法在社会经济领域的应用。

第二节 统计学研究的分类

统计学在应用中不断地得到发展和完善,这一过程中形成了描述统计与推断统计、理论统计和应用统计两种分类,下面略做介绍。

一、描述统计与推断统计

根据数据研究方法的作用不同,可将统计学分为描述统计和推断统计。

描述统计是说明如何收集数据、整理数据和对其过程进行描述性分析的一套研究方法。数据收集的方法从范围上划分为全面调查和抽样调查。对调查对象中的每一个体单位都进行调查以取得数据的方法,称为全面调查方法,如人口普查、农业普查、经济普查、全面统计报表等。从研究对象中随机抽出部分单位进行观察而取得调查资料的方法,称为抽样调查方法。如1%的人口抽样调查、城乡居民家计调查、物价调查、工业产品质量调查、进口商品质量检验等。依据全面调查方法所取得的数据,可以应用数据整理及数据描述方法研究其统计特征;依据抽样调查方法所取得的数据,不仅需要用数据整理及描述方法计算样本统计量,还需要用数据推断方法对总体参数做出具有一定可靠性和准确性的估计,才能认识总体特征,由于抽样方法存在诸多的优势,故其得到了广泛的应用。

推断统计是根据来自于总体的样本信息,对总体参数进行估计与检验的一套统计方法。数据描述统计是数据推断统计的基础。

将统计学分为描述统计和推断统计,一方面是反映统计发展的前、后两个阶段,另一方面是揭示统计方法研究客观现象的内在数量规律性的先后过程。但从统计研究方法的体系性来看,数据描述方法和数据推断方法又都是其他统计分析方法的基础。

二、理论统计和应用统计

根据研究目的的不同,可将统计学分为理论统计和应用统计。

理论统计阐明统计学的数学原理。统计学发展到现代今天,几乎运用了所有的数学知识。由于概率论作为数学的一个分支,又是统计推断的数学基础,因此理论统计学是包括概率论在内的对统计方法的数学原理的研究。从事理论统计学研究的统计学家都有很好的数学基础,他们对统计学的数学理论研究,为研究各个科学领域客观现象的数量特征及其规律创造了方法。

应用统计是把理论统计研究的原理及方法,用于研究各个学科领域的客观对象的数量特征和规律,侧重于统计方法的应用。例如,经济统计学、社会统计学、教育统计学、科技统计学、管理统计学、医学统计学等,就是统计方法在上述领域应用所形成的。统计的应用领域不同,统计方法在应用中又有所发展。

综上所述,理论统计和应用统计之间的关系密切。理论统计的研究成果为应用统计创造了原理和方法,是应用统计的方法论基础。而应用统计又使理论统计的研究方法得到不断的拓展、充实和完善,在发展中有所创新,促进交叉学科的产生,比如数学、经济学和统计学结合,形成了计量经济学这一新生学科。

第三节　统计学的基本概念

社会经济统计中涉及的概念较多,这里主要介绍与统计学相关的基本概念。

一、总体、总体单位、样本

总体是指由客观存在的、具有同一性质的许多个体单位构成的整体,是统计总体的简称。构成总体的个体单位叫总体单位。遵守随机原则从总体中抽出来的个体单位构成的集合叫作样本。样本是用来推断总体的观察对象。例如,在全国经济普查中,"我国境内从事第二产业和第三产业的全部法人单位、产业活动单位和个体经营户"是总体。其中每一个法人单位、产业活动单位和个体经营户就是总体单位,这些单位都具有"从事第二产业和第三产业生产活动"这个共性。按照随机遵守等比例抽样原则,抽 5% 的个体单位集合起来就形成了样本。

一个总体所包括总体单位数可以是有限的,称为有限总体,也可以是无限的,称为无限总体。对于有限总体,根据研究需要可以进行全面调查,也可以进行非全面调查。对于无限总体,只能进行非全面调查。样本都是有限总体。总体的特点是大量性、同质性、差异性。

总体和总体单位的概念不是固定不变的,随着研究目的的不同,它们是可以发生变化的。例如,上文中提到的全国经济普查确定的这个总体,每个法人单位、产业活动单位和个体经营户是总体单位。如果我们要研究某个法人单位的生产经营情况,那么这个单位就是一个统计总体,总体单位就是该法人单位的各个业务部门,或者是该单位的车间或班组。样本是一个随机变量,对于一个确定的总体而言,抽样方法与方式不同,样本也不同,关于样本的详细内容见第五章。

二、标志、变异

(一)标志

标志是说明总体单位特征的名称。例如,每个企业都有产业、行业、地区、所有制类型、职工人数、产量、产值、销售额、资产额等标志特征,这些都是标志。

标志按其性质不同,分为品质标志和数量标志。品质标志是说明总体单位质的特征的名称,其表现为某种属性,只能用文字表示。例如,企业的产业标志就是品质标志。其表现为"第一产业""第二产业"或"第三产业"。数量标志是说明总体单位量特征的名称,只能用数值来表示,并称这个数值为标志值。例如,某企业的产值就是数量标志,其标志值为"780万元"。

标志按表现情况不同,分为不变标志和可变标志。当一个标志在总体各单位的具体表现完全相同时,这个标志就是不变标志。例如,在集体企业总体中,每个企业在"所有制类型"标志上都表现相同,则该标志就是不变标志。总体的同质性就是这个含义。当一个标志在总体各单位的具体表现不同时,这个标志就是可变标志。例如,在商业企业总体中,每个企业的"经营品种""利润"等可能不同,则该标志就是可变标志。总体的差异性特就是这个意思。

品质标志和数量标志是根据标志本身的性质决定的,它们之间是不能改变的。但不变标志和可变标志是由研究目的所决定的,它随研究对象的不同而变化。

(二)变异

变异就是可变标志的具体表现不同所产生的差异或差别。例如,职工性别标志,表现为男、女不同,企业资产额标志表现为 200 万元、80 万元而有所不同。因此变异分为属性的变异和数量的变异两种。变异是客观存在的,这是统计研究的需要。

三、变量

在统计学中,一般称可变的数量标志为变量。变量所表现的具体数值叫变量值。例如,单位成本就是变量,具体的成本水平 30 元、50 元等就是变量值。变量可做如下的分类:

(1)变量按其变量值是否连续,可分为连续变量和离散变量。连续变量的数值是不间断的,相邻两值之间可作无限分割,如利税额、进出口贸易额、就业率等用小数表示;离散变量都是以整数位断开的,如人数、工厂数、机器台数等,用整数表示。

(2)变量按性质不同,可分为确定性变量和随机变量。由于受某种决定性因素的作用,变量沿着一定的方向呈上升或下降的趋势变动,这种变量叫确定性变量。例如,在一般情况下,职工生活水平的提高是由收入增长所决定的,职工收入的增长是由企业劳动生产率水平提高所决定的,这些就是确定性变量。但企业的每一个职工生活水平并不完全一样,因为家庭不可预见支出会影响职工生活水平,家庭不可预见支出就是一个随机变量。由此可见,随机变量是一种变量值的变化受多种不确定因素的影响、其变化具有偶然性的变量。

四、统计指标

(一)统计指标的概念与构成要素

统计指标是说明总体数量特征的科学化的概念或范畴。统计指标的概念有两种不同的理解。

第一,统计理论设计中所使用的统计指标,是指反映总体现象数量特征的概念。例如,人口平均年龄、居民储蓄存款余额、工业增加值、投资收益、能源消费量等。该统计指标包括指标名称、计量单位和计算方法三个构成要素。

第二,统计工作中所使用的统计指标,是指反映总体现象数量特征的概念和具体数值。例如,2013 年外国人入境游客数量为 2 629.03 万人次,这一统计指标除包括上述三个要素外,还包括时间限制、空间限制和指标数值。

(二)统计指标的特点

(1)数量性。统计指标都是用数值表现的,不存在用文字表现的统计指标。

(2)综合性。统计指标说明的是总体特征而非个体,它是由许多个体现象的数量综合形成的结果。

(3)具体性。统计指标并非抽象的概念和数值,它具有客观的社会经济内容,描述了具体的社会经济现象的数量。

(三)统计指标的种类

(1)统计指标按其反映总体的内容不同,分为数量指标和质量指标。

1)反映现象总体的绝对数量多少或大小的统计指标叫**数量指标**,如企业负债总额、商品销售额、固定资产折旧额等。数量指标的数值大小随着总体范围的大小而增减。

2)反映总体内部数量联系和总体单位水平的统计指标叫**质量指标**,如资产负债率、人均国内生产总值(Gross Domestic Product,GDP)、平均工资与单位面积收获率等。质量指标的数值大小与总体范围的大小没有直接的联系。

(2)统计指标按其表现形式不同,分为总量指标、相对指标和平均指标。这里只介绍总量指标、相对指标,平均指标在第四章中介绍。

1)总量指标。总量指标是反映社会经济现象在一定时间、地点、条件下的总规模及总水平的统计指标,其表现形式是绝对数,又称为绝对数指标。但与数学中的绝对数不同,它不是抽象的绝对数,是一个包含有名称、时间、地点、计量单位、计算方法的具体数值,如人口总数、就业人数、GDP、财政收入、固定资产投资、教育经费、进出口额、营业利润等。

a. 总量指标的作用可以概括为三点:①总量指标是对社会经济现象总体特征认识的起点指标。它可以反映一个国家的基本国情和国力,反映某部门或单位的人、财、物基本情况。②总量指标是制定政策、编制计划、实行社会经济管理的基本依据之一。③总量指标是计算相对指标、平均指标及其他分析指标的基础。因此总量指标的准确性直接影响到其他分析指标的质量。

b. 按照总量指标反映的现象内容不同,可将其分为总体单位总量和总体标志总量。总体单位总量表示总体内部所包含的单位总数,用于反映总体规模大小,如人口数、企业数、学校数、经济活动人口数等。总体标志总量是总体各单位某种数量标志值的总和,用于表征总体现象的总水平,如企业总体的总产值、工资总额、国内生产总值等。无论是总体单位总量,还是总体标志总量,都是用来反映总体外延特征的,也可以称为外延指标。

按照总量指标反映现象的时间状况不同,也可将总量指标分为时期指标和时点指标。时期指标是反映现象某一时期运动过程及其结果的指标。例如,产品产量、商品销售量、工资总额、利润、原材料消耗量等都属于时期指标。时期指标的特点是,指标数值通过连续统计得到,指标数值具有可加性,指标数值大小与时期长短有着直接联系。时点指标反映时点现象在某一时刻(瞬间)上具有的状态,如银行储蓄存款余额、商品库存量、流动资金额、国民财产等。指标数值通过间断统计得到,指标数值没有可加性,指标数值大小与时期长短不存在直接联系。

c. 总量指标的计量单位。总量指标的计量单位一般有实物量单位、价值量单位和劳动量单位。

实物量单位是根据客观现象的物理属性而采用的计量单位,有自然单位、度量衡单位、复合单位和标准实物单位等。用实物量单位统计的总量指标也称为实物量指标。实物量指标能够反映现象的具体内容,但其综合性较差。不同实物量指标无法直接汇总。

价值量单位也叫货币单位,是以货币量为单位来度量现象总量的计量单位。用价值量单位统计的总量指标也称为价值量指标。价值量指标具有广泛的综合性,但比较抽象,脱离了现象的物质内容。

劳动量单位是用劳动时间表示的计量单位,常用的有工日和工时两种。劳动量单位是一种复合单位,一般在用在定额生产行业,如机械行业因生产周期长,产品结构复杂,不便运用前两种计量单位,故采用劳动量单位计量其劳动量大小。

2) 相对指标。相对指标是由两个相互联系的指标对比所得到的结果,是反映社会经济现象之间数量联系程度的综合指标,又称统计相对数。例如,人口的城乡构成、学生的专业构成、国内生产总值发展速度、全员劳动生产率的区域差别等都是相对指标。

相对指标的表现形式有无名数和有名数两种。无名数是抽象的数值,多用成数、百分数、千分数、系数或倍数表示。有名数是复合单位来表示的,如人均 GDP、人均产量、单位成本等,都是由计算相对指标的分子与分母指标计量单位复核而成的。

根据研究目的和比较基础不同,相对指标可分为结构相对指标、比例相对指标、强度相对指标、比较相对指标、计划完成程度相对指标和动态相对指标。

a. 结构相对指标。结构相对指标又称结构相对数,是在统计分组的基础上,用总体中部分数值与全部数值对比得到的结果,它是反映总体内部组成状况的综合指标,一般用无名数表示。其计算公式为

$$结构相对指标 = \frac{总体中各部分数值}{总体全部数值} \times 100\%$$

结构相对指标的分子、分母指标,可以是总体单位总量,也可以是总体标志总量。例如,投资额与国民收入的比率称为投资率,消费额与国民收入的比率称为消费率。又如,居民家庭用于食物支出的金额与全部消费支出总金额的比率为食物消费支出比例,通常称为恩格尔系数,可以用来反映一个国家或地区居民家庭消费结构和经济的发展水平。

b. 比例相对指标。比例相对指标是将同一总体中不同部分之间的指标数值对比得到,是反映总体各组成部分之间协调与平衡关系的综合指标,一般用百分数或比例的形式来表现。其计算公式为

$$比例相对指标 = \frac{总体中某一部分的指标数值}{总体中另一部分的指标数值}$$

例如,2014 年我国总人口数为 136 782 万人,男性人口为 70 079 万人,女性人口为 66 703 万人,则我国人口的男、女性别比例为 105∶100,基本平衡。

c. 强度相对指标。强度相对指标是两个性质不同但有一定联系的总量指标相互对比的结果,用来说明现象的强度、密度和普通程度等的综合指标。其计算公式为

$$强度相对指标 = \frac{某一总量指标}{另一有联系而性质不同的总体总量指标}$$

强度相对指标计算结果一般用复合单位表示,表现为有名数。例如,全员劳动生产率用元/人表示;设备生产能力用吨/台表示等。也有些强度相对指标用无名数表示。例如,人口自然增长率用千分数表示,资产负债率用百分数表示等。

d. 比较相对指标。比较相对指标是将两个同类指标在不同空间做静态对比得出的综合指标。它表现同类事物在不同空间存在的差别程度。其计算公式为

$$比较相对指标 = \frac{某一空间条件下的某类指标数值}{另一空间条件下的同类指标数值}$$

比较相对中的空间,可以是班组、单位、地区、行业国家等,对比的指标可以是总量指标、

相对指标、平均指标,也可以是典型水平(国内先进水平、国际先进水平、国家规定标准)等,通过比较,揭示各地区、单位之间的不平衡状态,指出差距,挖掘潜力。

e. 计划完成程度相对指标。计划完成相对程度指标是以现象在某一段时间内的实际完成数值与计划任务对比,用以表明计划完成程度的综合指标,一般用百分数表示。其计算公式为

$$计划完成程度 = \frac{实际完成数}{计划完成数} \times 100\%$$

计划完成程度相对指标说明各项计划指标的完成程度,用于检查和监督国民经济和社会发展计划的执行情况,是进行社会经济管理与调控的重要依据。

(3)统计指标按其在管理中所起的作用不同,分为考核指标与非考核指标。根据管理的需要,用来评定优劣或等级、考核成绩、决定奖罚的统计指标叫考核指标。非考核指标是用来了解基本情况的统计指标。

(四)指标与标志的区别与联系

指标与标志既有区别,又有联系。二者有以下主要区别:

(1)指标是说明总体数量特征的,而标志则是说明总体单位特征的。

(2)指标都是用数值表示的,标志有用文字表示的品质标志和用数值表示的数量标志两种。

指标和标志也有联系:

(1)统计指标是由总体各单位的数量标志值或总体单位数汇总得到的。

(2)随着统计研究目的的不同,指标与标志的关系会发生变化。当它们说明的对象关系改变了,它们就随之发生变化。

五、统计指标体系

1. 统计指标体系的概念

若干个相互联系的统计指标所构成的整体叫统计指标体系。构成指标体系的各个指标,可能会以等式关系形成体系,也可能不能用等式关系形成体系,但都是反映总体基本情况的不可或缺的指标体系关系。社会经济现象本身是复杂的,其联系是多种多样的,所以统计指标之间的联系也是多种多样的。例如,商品的销售额等于商品销售量与其销售价格的乘积,粮食总产量等于亩产量与播种面积的乘积,等等,这些指标以等式关系形式构成统计指标体系。再如,一个生产经营单位的人力、物力、财力、生产、供应、技术、组织管理和销售等方面是相互联系的整体,叫生产经营统计指标体系。这个体系中的各种指标虽然不能用等式关系形式加以表达,但它们仍然组成了统计指标体系,用于反映该生产经营单位的全面情况。

2. 统计指标体系的种类

统计指标体系可以分为两大类,即基本统计指标体系和专题统计指标体系。

反映国民经济社会发展及其各个组成部分的基本情况的指标体系叫基本统计指标体系,它通常分为最高层、中间层和基层三层。最高层是反映整个国民经济和社会发展状况的统计指标体系,如经济统计指标体系、社会统计指标体系、科技统计指标体系等。中间层是

指各地区和各部门的统计指标体系,如区域经济竞争力统计指标体系、区域产业生态化发展指标体系等,它是最高层统计指标体系的纵向和横向的分支。基层统计指标体系是指各种企业和事业单位的统计指标体系,如企业市场营销指标体系、企业投融资指标体系等,基层统计指标体系是整个统计工作的基础。

为研究某一社会问题或经济问题而专门制定的具有针对性的统计指标体系叫专题统计指标体系,如经济效益指标体系、能源利用效率研究统计指标体系等。

重点和难点

重点:统计总体、单位、样本与变量。

难点:统计总体、单位与样本的关系。

同步综合练习

一、思考题

1. 什么是统计学的研究对象?其有何特点?
2. 统计学的性质是什么?它与实质性科学有何关系?
3. 理论统计与应用统计有何区别?描述统计和推断统计有何不同?
4. 什么是经济社会统计学?它属什么性质的学科?
5. 什么是总体、总体单位、标志、变异?
6. 什么是变量?变量有哪些分类?
7. 什么是统计指标?指标有哪些特点和种类?
8. 指标和标志有什么区别与联系?
9. 数量指标和数量标志有什么区别和联系?
10. 质量指标和品质标志有何关系?
11. 什么是指标体系?它有哪些种类?

二、计算题

1. 某大型超市销售某种品牌的商品瓶装蜂蜜,该超市的市场部收到了用户关于瓶装蜂蜜质量不足的投诉。该超市立即组织力量检查,以便退回问题商品。该超市对近期购进的一批 1 500 瓶蜂蜜随机抽出 150 瓶检查其质量,每一瓶蜂蜜的质量精确到小数点后 2 位数,生产商提供的商品说明书告示瓶装蜂蜜商品的质量是 1.25 kg。

要求:说明总体、研究变量、样本及推断。

2. 某汽车制造商调研太阳能汽车的用户信息,在汽车展销会上随机选取了 200 名顾客,有 87 名顾客表示在价格经济的条件下愿意购买该类能源汽车。

要求:说明总体、研究变量、样本及推断。

3. 某地区统计局的统计报告中写到:"我市 2014 年由交通运输企业 1 530 家,本年实现经营利润138亿元,年末职工数为43.89万人。其中,东进运输企业经营利润达到2 251.2万元,该企业职工数为402人。"

要求:

(1)请指出该报告中所反映的统计总体、总体单位。

(2)报告中涉及的统计标志、统计指标分别有哪些?说明其性质或类型。

4.某市统计局拟对该市所有工业企业的生产经营情况进行调查,请指出此项调查的总体、总统单位、10个以上的标志和指标;指出哪些标志是品质标志,哪些标志是数量标志,哪些数量标志是变量,哪些变量是离散型变量,哪些变量是连续型变量;再指出哪些指标是数量指标,哪些指标是质量指标。

第二章 统计数据调查

在学习本章后,学生应能够熟练掌握各种统计调查方式,了解统计调查方案的内容等知识点。

收集社会经济现象的数字资料,不像物理或生物科学那样是一项实验的结果,资料的收集就是这项实验本身的必要组成部分。然而,在社会科学中,特别在经济学中,实验法很难行得通。经济和社会方面的资料大部分是由政府部门组织收集的,这项工作称为统计调查工作。当然也有社会调查机构或私人收集的,一般是为某一专门目的进行的。这里所讲的统计数据调查,简称统计调查,主要指政府部门所组织的统计调查工作,它是统计研究工作的开始阶段,是决定整个统计研究工作质量的基本环节。

第一节 统计调查的意义、要求和分类

一、统计调查的意义和任务

统计调查和一般社会调查一样,同属于调查研究活动。统计调查是按照统计研究预定的目的和任务,运用科学的统计调查方法,有计划有组织地向客观实际收集资料的工作过程。就每项具体的统计调查而言,是对总体多个单位的有关标志的具体表现进行登记,收集总体单位个别特征的大量的原始资料。所谓原始资料,是指向调查单位收集的尚待汇总整理,需要由个体过渡到总体的统计资料。但在某些情况下,统计调查也对次级资料,即对已经加工过的统计资料进行收集,以便进一步集中加工和进行分析。但是归根到底,一切次级资料都是由原始资料汇总而来。所以统计调查的基本任务就是提供原始资料。

通过统计调查,初步接触实际情况,直接占有原始资料,这是统计研究的开端,又是统计整理和统计分析的前提。因此,统计调查是统计工作的基础,调查工作的质量在很大程度上决定整个统计工作的质量。

二、统计调查的要求

统计调查对调查资料的基本要求是需要全面性、准确性、及时性和方便性。

(一)全面性

调查资料应包括全部应该调查的单位和项目,如果资料不齐全,就难以满足统计研究的要求,也就不可能对认识总体做出全面正确地说明。

(二)准确性

调查资料要真实、可靠,如实反映客观实际。统计资料的准确性,历来被认为是统计工作的生命线。如果调查得来的资料失真,据此形成的对现象总体的认识也是有偏差的。造成统计资料不真实的原因有很多方面,既有主观原因,也有客观原因。这就要求:一方面各部门、各单位要依据统计法如实提供统计资料,不得虚报瞒报;另一方面对于各级统计工作人员来讲,必须牢固树立实事求是的观点,既要把维护统计资料的真实性当作自己的职业道德对待,更要把维护统计资料的真实性提高到贯彻统计法的高度来对待,绝不可掉以轻心。

(三)及时性

要按照统计研究的目的要求按时提供资料。否则时过境迁,资料失效,就失去了统计工作的现实指导意义。因此各单位、各部门都要树立全局观点,按时完成统计调查工作。

(四)方便性

方便性有两个方面的涵义:一是调查项目要便于理解和填写;二是调查资料要便于各个方面的加工和使用。

应当指出"全面、及时、准确、方便"的要求,不仅是对统计调查工作的要求,而且是对整个统计工作的要求。要正确处理好上述四个基本要求之间的关系,应以准确为基础,力求在准确中求快,资料完整,方便使用。

三、统计调查的种类

社会现象错综复杂,千变万化,为了准确、及时地收集原始资料,就应根据不同的调查对象与调查目的,选择合适的调查方式和方法,做好调查工作。统计调查有如下分类。

(一)按组织方式不同,可以分为统计报表和专门调查

(1)统计报表是按一定的表式和要求,自上而下统一布置,自下而上提供统计资料的一种调查方式。

(2)专门调查是为了研究某一专门问题,由进行调查的单位专门组织的调查。这种调查多属一次性调查,如抽样调查、典型调查和重点调查等。

(二)按调查对象范围不同,可以分为全面调查和非全面调查

(1)全面调查是对构成调查对象总体的所有总体单位,逐一进行调查登记的一种调查方式。例如,全国人口普查要对全国人口无一例外地进行登记,全国工业普查就是对全国每一个独立核算的工业企业进行登记的全面调查。

(2)非全面调查是对构成调查对象总体的一部分单位进行登记的一种调查方式。例如:为了研究某地区农村居民生活情况,只需对部分农民家庭进行调查;为了掌握进出口商品质量状况,可对部分商品进行检验。重点调查、典型调查、抽样调查均属此类调查。

(三)按调查登记的时间是否连续,可以分为经常性调查和一次性调查

(1)经常性调查是随着时间的推移而不间断地对调查单位的变化情况进行计量、登记的一种调查方式。例如,对工业产品产量,主要产品原材料和燃料等的消耗所进行的调查都属于经常性调查。

（2）一次性调查是间隔一定时间，对调查单位的某些标志进行计量、登记的一种调查方式。例如，对生产设备数量、人口数量、在校学生人数等现象的调查就属一次性调查。经常性调查是定期进行的，一次性调查可以是定期进行的，也可以是不定期进行的。

第二节 统计调查方案

统计调查方案是对整个统计调查工作事先进行的统筹规划和全面安排的一个书面文件。其目的在于统一认识、统一内容、统一方法、统一步调，使统计资料收集工作做到有计划、有组织地顺利进行。一个完整的统计调查方案应包括以下几方面的内容。

一、确定调查目的和任务

调查目的是指通过统计调查活动所要解决的问题。它回答的是"为什么调查""要解决什么样的问题"等。只有调查目的明确、任务清楚时才能确定调查的对象、内容和方法等，否则会使统计调查工作陷入盲目及混乱状态。因此说确定调查目的和任务是制定调查方案的首要问题。

当确定调查目的和任务时，力求做到目的明确，中心突出，不可含糊其辞，面面俱到。例如，我国城市住户调查的目的就规定得十分明确，即了解我国城市居民家庭人口、就业、收入、消费、手存现金、商品需求和住房等的变化情况，为党和国家研究制定劳动力就业、工资和奖金、劳保福利、货币流通、商品生产和供应等方面的政策提供依据。

二、确定调查对象和调查单位

调查对象指统计要调查的某一社会经济现象总体，也就是统计总体。调查单位是构成总体的个体，也就是总体单位。确定调查对象的目的是为了明确统计调查的范围界限，确定调查单位的目的是为了明确从哪里取得调查资料。

在实际工作中，要把调查单位和报告单位加以区别。调查单位是构成调查对象的基本单位，也可以说是调查项目的直接承担者。报告单位则是负责向上级报告调查资料的单位。调查单位与报告单位有时一致，有时不一致，这要根据具体的调查工作而定。例如，进行工业企业生产经营情况调查，每一个工业企业既是调查单位又是报告单位。如果调查工业企业的生产设备利用情况，那么每一台生产设备是调查单位，而工业企业则是报告单位。

正确地确定调查单位，不仅能保证对被研究对象统计的完整性和准确性，而且关系到调查资料整理的正确性和统计分析的可靠性。

三、确定调查项目

调查项目又称调查纲要，是说明调查单位特征的各种标志。它完全由调查对象的性质和调查目的所确定，包括有品质标志和数量标志。确定调查项目时应注意以下问题：

（1）确定的调查项目要满足调查目的，对可有可无的项目或备而不用的项目不应列入，以保证取得资料的可能性。

(2)每个调查项目都应该有确切的涵义和统一的解释。对逻辑不完善和质的界定不明确的项目,不应列入,以免调查研究人员或被调查者按照各自不同的理解进行填写,使得调查结果无法汇总,以保证项目解释的统一性。

进行逻辑审核及分析调查对象的内在联系;对周期性的调查项目之间要尽量保持可比,以便进行动态对比,保证调查项目之间的可比性。

四、制定调查表和填表说明

把各个调查项目按照一定的顺序排列在一定的表格上,就构成了调查表,它既是收集原始资料的基本工具,又是原始资料的载体。因此调查表的设计本身就是一种提出大量统计问题的工作。

调查表是调查方案的核心部分,一般由表头、表体、表脚三部分组成:

(1)表头用来说明调查表的名称以及填写调查单位(报告单位)的名称、性质、隶属关系。

(2)表体是调查表的主要部分,包括:调查项目和这些项目的具体表现;栏号和计量单位等。

(3)表脚包括调查者(填报人)的签名和调查日期等,以便明确责任。

现以第六次全国人口普查表(见表2-1)为例。调查表的形式一般有单一表和一览表两种。单一表是指每份调查表只能填写一个调查单位的统计表,适用于调查项目多、调查单位比较分散的调查工作;一览表指每份调查表可以填写两个或两个以上调查单位的统计表,它适用于调查项目较少,调查单位比较集中的调查工作。表2-1中的人口普查表:上半部分以户为调查单位,为单一表;下半部分以人口为调查单位,为一览表。

调查表确定以后,还需要有填表说明和指标解释这些必备的调查文件。填表说明用来提示填表时应该注意的事项;指标解释则是为了说明调查表中的每一个指标的含义,包括范围、计算方法等。

五、确定调查时间和调查期限

调查时间是指调查资料所属的时间,有时点和时期之分。如果所要调查的是时期现象,即随时变化的现象,就要明确规定资料所反映的对象从何时起到何时止;如果所要调查的是时点现象,即表现为某一时刻(瞬间)的状况的现象,就要明确规定统一的标准时间。所谓标准时间就是登记时点现象时所依据的时间。

调查期限是指调查工作的起止时间,包括收集资料和报送资料的整个工作所需的时间。调查时间和调查期限是完全不同的两个概念,要严格予以区分。例如:我国第六次人口普查规定2010年11月1日零时为全国人口普查登记的标准时间,即调查时间;第六次全国人口普查规定的入户登记调查期限为2010年11月1日始至11月10日止。

调查时间和调查期限的确定要依据调查工作的目的任务、调查对象本身的特点和调查工作量与难易程度而定。

表 2−1　第六次全国人口普查表

本户地址：_____县（市、区）_____乡（镇、街道）_____普查区_____普查小区_____建筑物编号_____
地址码：

H1. 户编号	H2. 户别	H3. 本户应登记人数	H4. 2009年11月1日—2010年10月31日 死亡人口	H5. 本户住房建筑面积	H6. 本户住房间数

R1. 姓名	R2. 与户主关系	R3. 性别	R4. 出生年月	R5. 民族	R6. 普查时的居住地	R7. 户口登记地	R8. 离开户口登记地时间	R9. 离开户口登记地原因	R10. 户口性质	R11. 是否识字	R12. 受教育程度

户编号：　　本户共　　张　　　　　申报人：　　　　　普查员：　　　　　填报日期　　月　　日

六、确定调查工作的组织实施计划

严密细致的组织工作,是使统计调查工作顺利进行的保证。调查工作的组织主要包括:调查工作的组织领导和机构人员的配置;调查的方式和方法;调查前的准备工作,包括宣传教育、干部培训、文件印刷等;调查资料的报送办法;调查经费的预算、开支和制定调查工作规划等内容。

制定一定规模的统计调查方案,还要进行试点调查。通过试点检验调查方案,积累组织实施的经验。

第三节 统计调查方式

为适应社会主义市场经济发展的需要,我国的统计调查方式从以往的单一模式,发展为"以必要的周期性普查为基础,以经常性的抽样调查为主导,同时辅以重点调查、科学推算和全面报表综合运用的调查方式体系"。在统计调查方式体系中:"建立以必要的周期性普查为基础,以经常性的抽样调查为主体",体现了与国际贯例的接轨;"辅之以重点调查,科学推算和少量的全面报表综合运用",则体现了中国特色。

一、普查

(一)普查的意义和特点

普查是专门组织的一次性的全面调查。它主要用来收集某些不能或不宜用定期的全面统计报表收集的统计资料。

统计调查方式体系中之所以要以普查为基础,是因为普查能够掌握全面、系统的国情国力统计资料,是进行社会主义现代化建设的一项十分重要的基础工作。尤其是了解一个国家人力、物力和财力资源的数量及其利用情况,对于国家从实际出发制定国民经济和社会发展计划及产业政策,加强国民经济管理,安排人民物质和文化生活具有重要的意义,普查有两个主要特点:

(1)普查是专门组织的一次性调查,普查的对象是时点现象。由于时点现象的数量在短期内往往变动不大,不需要做连续性登记,只要间隔一段较长的时间做一次全面调查,便可满足需要。2003年国家统计局公布调整后的全国性普查项目主有人口普查、农业普查、经济普查等。我国人口普查每隔10年进行一次,在逢零的年份进行,如2020年我国进行了第七次全国人口普查;农业普查也每隔10年进行一次,在逢六的年份进行,如2016年我国进行了第三次全国农业普查;经济普查针对第二产业、第三产业进行调查,2004年在全国首次进行经济普查,以后每5年进行一次,在逢三和八的年份进行,如2018年我国进行了第四次全国经济普查。

(2)普查是专门组织的全面调查,内容全面、详细、准确。普查涉及的面广,工作量大,消耗的人力、物力、财力多,调查时间长,组织工作复杂,所以非重大问题不搞普查。

普查和统计报表虽同属于全面调查,但两者不能互相替代。统计报表不能像普查那样掌握如此详尽的全面资料;与定期报表相比,普查所包括的单位、分组目录以及指标内容广泛详细、规模宏大,能解决报表不能解决的问题。但是也正因为如此,普查的任何耗费都较大,从而不可能,也不需要经常进行。

(二)普查的组织方式及原则

普查的组织方式按照机构设置情况分为两种:一种是组织专门的普查机构,派出调查研究人员,对调查单位直接进行登记;另一种是由被调查单位填报,即利用企事业单位本身的组织系统完成这项工作。普查主要依据企事业单位的原始记录和统计报表资料,或结合清库盘点,颁发一定的调查表格,由调查单位填报。无论哪种普查方式,都需要普查机构组织,配备一定的专门人员,对整个普查工作进行组织领导。

按照普查资料汇总特点不同,普查又分为一般普查和快速普查两种组织方式。一般普查是采取逐级布置和逐级汇总上报的方法,前后花费时间较长。有些调查任务时间紧迫,就应采用快速普查。快速普查的调查项目较少,调查范围较小,无论是布置任务和报送资料,都越过中间环节,由组织领导普查工作的最高机关直接把任务布置到基层单位,各基层单位将资料直接报送到普查工作的最高机关进行超级汇总,以缩短资料的传递和汇总时间。

由于普查是一次性全面调查,其涉及面广、时效性强、工作量大、准确性高,故为了获得准确、及时、全面普查资料,普查时应坚持如下原则:

(1)必须规定一个统一的时间,使所有的资料都在同一时间点上统一上报,以免登记重复或遗漏。

(2)普查登记工作要在普查范围内同时进行,在调查期限内尽快完成,以保证资料的时效性和准确性。

(3)普查的项目应该统一规定,不得随意改变或增减,避免影响统一汇总,降低资料的质量。

(4)同类普查的项目应力求保持前后一致,并逐步建立周期性的普查制度。

二、抽样调查

抽样调查是一种非全面调查,它是遵守随机原则从调查对象总体中抽取部分单位进行观察,用以推断总体数量特征的一种调查方式。关于抽样调查的特点和内容,将在第五章详细论述。

三、重点调查

(一)重点调查的概念和特点

重点调查是专门组织的非全面调查,它是在调查对象总体中选择其中一部分重点单位所进行的调查。所谓重点单位是指调查单位的标志值在被调查的总体的标志总量中占有很大比例的单位。通过重点调查,可以了解社会经济现象的基本情况。例如,要了解全国钢铁产量的基本情况,只需要对武钢、宝钢、鞍钢、首钢、包钢等几个大的钢铁企业的产量进行调查。再比如,每年春运期间,为了解全国铁路运输的情况,调查人员主要对北京、上海、广州、武汉、成都等枢纽站进行调查,原因是全国铁路客、货运输量大多集中在这些枢纽站。

重点调查的特点:①重点调查是重点单位根据研究的任务和目的有意识决定的。②重点调查的目的是反映现象总体的基本情况。

重点调查既可以用于经常性调查,也可用于一次性调查。

(二)重点调查中重点单位的选择原则

重点调查的首要问题是选择重点单位。其选择原则是:

(1)根据调查的目的和任务选择重点单位。由于调查目的不同,重点单位就可能不同。一般来说,重点单位应是其标志值在总体标志总量中占绝大比例的单位。

(2)重点调查实际上是对确定的重点单位进行小范围的全面调查,目的在于了解现象总体基本情况。因此,在选择重点单位时,应尽量选择管理制度健全、统计力量充实、基础工作较好的单位。

重点调查的组织形式也有两种:一种是为了特定调查目的而专门组织的一次性的重点调查;另一种是利用定期统计报表经常地对重点单位进行调查。

四、典型调查

(一)典型调查的含义及作用

典型调查是根据调查目的,在对被研究的现象总体进行初步分析的基础上,有意识地选择少数具有典型意义或在某方面具有代表性的单位进行调查,以揭示现象内在联系或变动规律的调查方式。它具有以下两个方面的特征:

(1)调查单位是根据调查目的,有意识地选择出来的典型单位。所谓典型单位是指客观存在的,对同类现象共同特征体现得最充分、最有代表性的单位。

(2)典型调查是一种深入细致的调查。这种调查方式不是一般地收集统计资料,而是对所研究问题作深入、细致、具体的调查研究,详细了解现象的具体情况,研究事物发生与发展的原因、过程和结果。

典型调查是一种灵活的调查方式。它既能收集到有关的数字资料,又可了解到生动具体的情况,便于发现问题、分析问题、提出解决问题的途径,其主要作用表现在:

第一,典型调查可以用来研究新情况、新问题。在市场经济发展过程中,新事物、新问题不断涌现。采用典型调查的方式,就能抓住苗头,认真地进行调查研究,探索它们的发展方向,总结经验,加以推广。

第二,典型调查可以补充全面调查资料的不足。这就是补充全面调查的缺口,收集不需要或不可能通过全面调查和其他非全面调查取得的统计资料,或者针对全面调查结果中出现的问题,进一步揭示问题的表现和原因。

第三,在一定条件下,可利用典型调查资料,结合基本统计数据,推断总体指标。应当指出,典型调查结果一般不用来推算总体指标。但当总体单位的标志值差异较小,又需要及时掌握全面情况,而又不便于采用其他调查方式取得全面资料时,可利用典型调查资料进行估计。

(二)典型调查的方式

典型调查的方式大体可分为两种。一种是对个别典型单位进行调查研究,称作解剖麻雀式的典型调查,这种方式适用于总体各单位之间差异比较小的情况。当总体各单位之间差异比较大时,宜采用划类选典式的典型调查方式。此方式是先将现象总体按与研究问题有关的标志划分类型,然后再从各类型中选择典型单位进行调查,以减小类型组中各单位之间的差异,并从数量上推算总体指标数值。

典型调查的关键是选择典型单位。对所选的典型单位的基本要求是:对总体具有充分的代表性。一般来说:如果是总结成败的经验教训,可选先进典型和落后典型;如果了解总体的大体数量特征,可选择一般单位作为调查单位;如果是为了近似推算总体指标,可按划类选典的方式选择调查单位。另一种是对个别典型单位进行调查研究,称作解剖麻雀式的典型调查。这种方式适用于总体各单位之间差异比较小的情况。

五、统计报表

(一)统计报表的概念及特点

统计报表是我国收集统计资料的一种主要方式,它是按照国家统计法规定,自上而下地统一布置,自下而上地逐级提供基本统计资料的一种调查方式。

统计报表具有统一性、群众性、全面性和经常性等特点。统一性是指统计报表要求按照统一的表式、统一的指标、统一的报送时间和报送程序进行填报;群众性是指统计报表以原始记录为主要来源。原始记录是基层单位对生产经营活动过程和成果所作的第一手数字或文字记载,是未经加工整理的初级资料,如领料单、入库单等,它是靠参与生产经营活动的广大群众亲自动手直接记载。所以具有广泛的群众基础,其资料也相对准确、可靠;全面性是指统计报表要求调查对象中的每一个单位都必须填报。经常性是指统计报表主要收集的是随着时间不断发生变化的时期现象的资料,所以要及时、不间断地调查登记,形成一定的制度。

(二)统计报表的种类

(1)统计报表按照调查范围不同,分为全面统计报表和非全面统计报表。前者要求调查对象中的每个单位都要填报,后者只要求调查对象中的一部分单位填报。

(2)统计报表按照报表内容和实施范围不同,分为国家统计报表、部门统计报表和地方统计报表。国家统计报表是反映整个国家的社会、经济、科技发展的基本情况的统计报表,也叫国民经济基本统计报表;部门统计报表是为适应本部门业务管理的需要而制定的专业统计报表;地方统计报表是根据本地区的特点和需要而制定的相应的统计报表。这三类报表的内容虽各有侧重,但互有联系,部门的和地方的统计报表是国家统计报表的补充。

(3)按照报送方式不同,分为电讯和邮寄两种。电讯报表包括电报、电话、传真等;邮寄报表有书面的,也有磁介质的。

(4)按照报送周期长短,分为日报、旬报、月报、季报、半年报和年报。一般而言:报送周期短的,调查项目少,时效性强;报送周期长的,调查项目多。

(5)按照填报程序和单位的不同,分为基层报表和综合报表。前者是由基层填报的统计报表,填报单位称为基层填报单位;后者是由各地方统计部门或上级主管部门根据基层报表逐级汇总填报的统计报表,填报综合报表的单位或部门称为综合填报单位。

统计报表的资料来源是原始记录和统计台帐。因此,建立和健全规范化的原始记录和统计台帐,是统计报表准确性和及时性的基础。统计台帐是基层单位依据原始记录和需要设置的一种系统积累资料的表册。

在实际统计工作中,要把上述多种调查方式结合起来进行。这主要是由于:①整个国民经济门类众多,情况复杂,必须用多种多样的统计调查方式,才能收集到丰富的统计资料。②任何一种调查方式都不是尽善尽美的,都有它的优越性和局限性,各有其不同的实施条件。只用一种调查方式,必然不能达到较好较全面地反映社会经济现象的目的。

现将各种统计调查方式进行列表比较,见表2-2。

表2-2 统计调查方式比较表

项目	类型				
	普查	抽样调查	重点调查	典型调查	统计报表
调查范围	全面	非全面	非全面	非全面	全面或非全面
调查时间	一次性	经常性或一次性	经常性或一次性	一次性	经常性
组织形式	专门调查	专门调查	报表制度或专门调查	专门调查	报表制度
调查单位的选择	—	按随机原则抽取样本单位	标志值在总体标志总量中占绝大比重的单位	具有典型代表性的单位	—
调查结果能否推算总体	—	能	否	一般不能推算,但在划类选典和对准确性要求不高时也可以	—

第四节 统计调查方法

开展统计调查,收集统计资料,是一项技术性较强的活动。运用合理、适当的调查方法,是及时、准确地取得统计资料的保证。具体的调查方法有以下几种。

一、直接观察法

直接观察法是由调查人员亲自到现场对调查单位进行观察和计量以取得资料的一种调查方法。例如,调查人员对库存的产品、商品直接地盘点计数,以掌握产品或商品的库存资料等。

直接观察法的特点是:①由调查员到调查现场,按照预定计划,细致地观察与调查项目有关的问题,以便获取客观、准确的第一手资料。②由调查者深入现场,即去听、去看、去计数、去测量,从而获得大量生动具体的感性材料,③该调查只能收集到现场资料,无法收集到历史资料,这是由于观察对象是当前存在或正在发生的客观现象。④直接观察法需要花费大量的人力、物力、财力和时间,因此在应用上受到限制。⑤由于存在调查者主观因素与被调查者内在因素等问题,使调查资料的客观性受到影响。

二、报告法

报告法就是报告单位以各种原始记录和核算资料为依据,向有关单位提供调查资料的方法,又被称为凭证法。我国现行统计报表制度就是采用这种方法收集资料的。有些专门调查,如工业普查资料的收集,也是采用了报告方法。

与其他调查方法相比较,报告法的特点是:①统一性和时效性。由于报告法的表格形式、指标体系、口径、范围及报送程序等都是统一规定的,各报告单位只是按规定执行,所以保证了资料的统一性和时效性。②周期性。采用报告法收集资料,往往是不间断地按相等的时间间隔定期进行,资料具有动态衔接性和可比性。③相对可靠性。报告法建立在基层单位的原始记录和核算资料的基础上,故资料相对可靠一些。④灵活性差。自下而上的报告制度需要严密的组织工作,使实际操作中的难度增大,降低了灵活性。

三、采访法

采访法亦称访问法,是指由调查人员根据调查提纲或调查问卷向被调查者提出问题,根据被调查者的答复以取得统计资料的调查方法。采访法又可以分为个别采访和集体采访。

(1)个别采访是由调查人员对每一个被调查者逐一提出所要调查的问题,由被调查者口头回答以取得调查资料的方法。个别采访形式灵活,便于被调查者理解调查目的和调查项目,在某种程度上也可观察被调查者的态度、心理等,以判断访问结果的准确性。

(2)集体采访也是采用开调查会的方法,请熟悉调查内容的人进行座谈。这种形式利于人们相互启发、相互质疑,促使人们开展讨论并形成观点。

采访法的特点是:①由于询问者与被询问者直接接触,逐项研究问题,因此收集的资料比较准确。②调查所需要的人力、费用较多。③对调查人员的要求较高,如要求调察人员知识面广、公关能力强、态度及心理素质较好等。

四、通信法

通信法指由调查者将调查表邮寄给被调查者,由被调查者根据调查的要求填写并寄回,以取得资料的一种调查方法。通信法的特点是:①可以扩大调查的地域和范围,所需经费相对较少;②被调查者有充足的时间思考和回答问题;③被调查者的数量不宜太多,调查项目不宜过于复杂;④调查表的回收,调查内容的理解和回答的准确情况,可靠性等难以得到有效保证。

五、问卷法

问卷法是调查者运用统一设计好的询问提纲或调查表,向被调查者了解情况,收集资料的一种调查方法。问卷调查内容涉及政治经济、科技、文化教育等,是国际通行的一种调查方法,也是近年来在我国推行最快、应用最广的一种调查手段。

问卷调查多用于非全面调查,问卷单位的选择一般按随机原则来抽取。问卷调查的特点是:通俗易懂,实施方便,适用于各种范围与环境;易于对资料进行处理和定量分析;节约时间和人力、财力,能提高调查效率等等。

六、网上调查法

网上调查是通过互联网发布调查问卷来收集、记录、整理和分析市场信息的活动。随着计算机、通信和国际互联网的快速发展和普及,网上调查必将取代传统的入户调查和街头随访等调查方式,成为 21 世纪应用领域最广泛的主流调查方式之一。

网上调查法拥有传统调查法所不可比拟的优点:①速度快,成本低。网上调查是无纸化调查,不需要派出调查人员,使调查成本大幅度降低,可在短时间内完成。②市场调查对象广泛。网上调查借助网络优势,可以广泛联系各网站进行联合调查。③客观性强。网上调查的被调查网民是在一种相对轻松和从容的气氛下接受调查的,不会受到调查员及其他外在因素的误导和干预,能最大限度地保证结果的客观性,同时被调查者是在完全自愿的原则下参与调查的,功利性少,得出的结果具有客观性。④可视性强。利用多媒体技术,可以使调查更加生动、形象、直观。网上调查的优势十分明显,但也存在一定的劣势,如样本代表性仍然不够、资料安全性较低等问题。

七、电话调查法

电话调查是指调查人员利用电话工具,对被调查者进行语言访问来调查信息的调查方法。要求调查员熟悉调查项目,有熟练的计算机操作技能,有清晰、准确的语言表达能力。

八、文献法

文献法是根据调查目的,浏览著作、报告、论文、统计或业务报表等,获得所需要的研究信息。这种调查方法不受时间和空间限制,节省人力、财力、物力、时间等资源,获得的信息量大。

统计调查的各种方法各有优缺点,人们在实际工作中可以灵活运用。

第五节 问卷调查

一、问卷调查的分类

问卷调查的关键是搞好问卷的询问设计和回答设计问题。从询问设计角度讲,问卷调查的分类如下。

(一)按问卷中所列问题答案的规范化程度不同,可分为开放式问卷、封闭式问卷和混合式问卷

(1)开放式问卷只能提出问题,而不列出固定标准答案,由回答者自由填写。例如:你觉得软包装饮料有哪些优缺点?你认为最理想的职业是什么?开放式问卷所得的资料比较生动、具体,信息量大。特别适合于询问那些潜在的问题,尤其是想了解被调查者的真实呼声,以便于获取建设性的意见和建议。

(2)封闭式问卷指在提问问题的同时,列出若干可供选择的答案,由被调查者选择回答即可。例如:你愿意在哪个部门工作？①党政机关②国有企业③集体企业④私营企业。封闭式问卷回答方便,利于提高问卷的回收率和有效率,易于进行各种统计处理和分析。

(3)混合式问卷是在封闭式答案后加上"其他",或在开放式答案前面加上封闭式答案。例如:你认为选择职业的最佳途径是什么？①双向选择②自谋职业③统一分配④其他途径。

(二)按问卷提问问题的方式不同,可分为直接性问卷、间接性问卷和假设性问卷

(1)直接性问卷可通过直接提问方式获得答案。例如:您的年龄？您的职业？您最喜欢的储蓄种类是什么？这种问卷常常给回答者一个明确的范围,所问的是个人基本情况和意见。对一些窘迫性问题,不宜采用此方式提问。

(2)间接性问卷指被调查者因为对所需回答问题产生顾虑,不敢或不愿意真实地表达意见的问题,采用间接提问以获得答案的方式。它比直接提问能获得更多、更真实的信息。

(3)假设性问卷是通过假设某一情景或现象的存在而向被调查者提出问题,取得答案。例如:有人认为目前的电视广告过多,您的看法如何？如果在购买汽车和住房中您只能选择一种,您可能会选择哪种？

(三)按问卷提问的具体意图不同,分为事实性问卷、行为性问卷、动机性问卷和态度性问卷

(1)事实性问卷要求被调查者回答一些有关事实性的问题,例如:您通常什么时候看电视？您经常去书店买书吗？这种问卷的问题意思要清楚,便于理解并回答。

(2)行为性问卷是为了了解被调查者的行为的原因或动机。例如:为什么做某事？为什么购某物？设计这种问卷时,应充分考虑人们的行为是否是有意识或无意识的产物。

(3)态度性问卷在于掌握回答者的态度、评价、意见、建议等。例如:您是否喜欢××品牌的电视机？

(四)按问卷的填写方式不同,分为自填问卷和访问问卷

(1)自填问卷直接面对被调查者,由被调查者自行填写,可以利用邮寄、报刊、送发等渠道。

(2)访问问卷直接面对被调查者,由被调查者按问卷所列问题询问被调查者,然后代填问卷。访问问卷可以通过个别访问、集体访问、电话询问等方式取得资料。

根据实际情况灵活运用以上各种问卷,使其恰当结合,才能收到满意的调查效果。

二、问卷的构成要素

问卷一般由问卷说明、指导语、调查内容、编码四个基本要素构成。

问卷说明是问卷首页上给被调查者的短信。问卷说明用于交待调查者的身份、调查目的和意义、内容、填表要求、通信地址等。说明的语言应简洁谦虚、诚恳,以引起调查对象对问卷的重视。

指导语即填表说明,用于指导被调查者填写问卷。要求简单列举几条,可印在问卷说明的下面。

调查内容是问卷的主体,主要包括基本情况、行为或事实问题、态度意见三部分内容。

基本情况指与调查目的有关的被调查者和背景材料,如年龄、性别、职业等。行为或事实指用来测量和调查被调查者的行为或事实的问题,需根据研究目的——列出。态度意见指用于了解被调查者对某些事物或行为的评价。

编码是赋予每个问题及答案一个数字代码,以便于汇总、整理。

三、问卷的实施过程

问卷调查由一系列相关工作过程构成,为使问卷具有科学性和可行性,需要按照一定程序进行。

(一)设计调查问卷

调查问卷的设计一般需经过前期调查、初步设计、试用问卷、修订问卷等工作过程。问卷设计中应做到:符合研究目的以及被调查者的基本情况、理论假设;表述、提问要规范、明确;表格设计上要结构合理、项目俱全、说明细致;设计和表达能使被调查者感兴趣。

(二)选择被调查者

由于问卷调查的回收率和有效率一般都达不到100%。因此,实际调查人数应多于有效问卷人数。确定实际调查人数的公式为

$$实际调查人数 = \frac{有效问卷的人数}{回收率 \times 有效率}$$

在选择调查者时,应注意选择对问卷内容比较熟悉,有一定文字理解能力和表达能力的人群。

(三)发放和回收问卷

问卷发放和回收可通过邮局寄出,或随报刊投递,也可采用依靠有关组织代发代收,或电话调查、派员登门拜访等方式。

(四)审查问卷

对回收的问卷进行清理,剔除不符合要求的无效问卷,为问卷的整理、分析打下基础。

四、问卷设计的原则及应注意的问题

(一)设计的原则

问卷设计应符合目的性原则、可接受性原则、简明性原则、匹配性原则。

(二)应注意的问题

对问卷的问句设计总的要求是:问句表达要简明、生动,注意概念的准确性,避免提似是而非的问题。具体应注意以下几点。

(1)避免提笼统、抽象或过于专业化的问题;

(2)避免用不确切的词;

(3)避免用含糊不清的句子;

(4)避免引导性提问；

(5)避免提问断定性的问题；

(6)避免提及被调查者敏感、禁忌的问题；

(7)避免一问多答的问题；

(8)问句要考虑时间性；

(9)拟定问句要有明确的界限。

应当指出,问卷的答案设计也是不可忽视的问题,由于篇幅所限,这里不再赘述。

重点和难点

重点:各种统计调查方式。

同步综合练习

一、思考题

1. 什么是统计调查？进行统计调查时要遵循什么原则？
2. 统计调查方案包括哪些内容？
3. 解释调查对象、调查单位和报告单位的含义？
4. 统计调查方式有哪些？各有什么优缺点？
5. 普查和全面统计报表两者是否可以代替？为什么？
6. 什么是重点调查？应如何选择重点单位？
7. 说明重点调查、典型调查和抽样调查的区别。

二、研讨题

请问你假期参加过哪些社会实践调研活动(或者是生产实习活动)？请根据自己的实践活动写一篇调研报告或者是实习体会。

第三章　统计数据整理

在学习本章后,学生应能够熟练掌握统计分组的内涵、分组标志的选择、分布数列的概念和种类、统计表的概念、构成与内容,了解数据整理的原则步骤、变量数列的编制等知识点。

统计数据整理是对调查资料进行分类汇总的工程,它既是统计调查的深入,又是统计分析的前提。

【例3-1】　某市场调查公司为了研究甲城市居民对中央电视台各频道电视节目的收视情况,随机抽取50人进行了调查,调查结果如下:

中央1台	中央5台	中央2台	中央2台	中央1台	中央5台
中央2台	中央2台	中央1台	中央2台	中央1台	中央1台
中央1台	中央1台	中央1台	中央2台	中央3台	中央3台
中央5台	中央5台	中央1台	中央1台	中央1台	中央1台
中央9台	中央1台	中央11台	中央2台	中央1台	
中央1台	中央2台	中央1台	中央10台	中央5台	中央1台
中央1台	中央1台	中央1台	中央1台	中央1台	中央10台
中央6台	中央5台	中央6台	中央1台	中央5台	中央2台
中央2台	中央1台				

上述资料是一个最直接、最简单的原始调查记录,具有分散和零碎的特点,且无法反映出中央电视台各电视频道受该市居民喜爱的程度。因此,该市场调查公司在取得统计调查资料之后,根据调查目的对其进行整理,使之条理化、系统化,这一系列的工作可称为统计资料整理。本章将系统介绍统计资料整理的方法。

第一节　统计数据整理概述

一、统计数据整理的概念

统计调查所得到的反映总体单位特征的原始资料是分散的、零碎的。根据这样的资料,人们难以从总体上分析和认识社会经济现象总体的数量表现。只有根据统计研究的目的,运用科学的统计整理方法,对原始资料进行整理,才能准确地揭示社会经济现象的本质特征和规律。

统计数据整理是根据统计研究的目的,运用一定的方法对调查资料进行加工,为统计分析提供系统化、条理化资料的工作过程。统计整理的质量,将直接影响统计对社会经济现象总体数量特征认识的质量。

二、统计数据整理的步骤

统计数据整理是一项周密细致的工作,要有计划、有组织地进行。统计整理的基本步骤是:

(1)设计和编制统计资料的整理方案。正确制定统计整理方案是保证统计整理有计划、有组织地进行的首要步骤,是统计设计在统计整理阶段的具体化。

(2)对原始资料进行审核。在进行统计资料整理之前,应对调查资料的准确性、完整性和及时性进行审核。

(3)对原始资料进行分组、汇总和计算各组单位数。

(4)对整理好的资料进行再审核,改正资料汇总过程中所发生的各种差错。

(5)编制统计表,简明扼要地表达整理结果,说明社会经济现象在数量方面的联系。

(6)进行统计资料汇编,系统地积累历史统计资料,作为总结历史经验、研究社会经济发展规律的重要依据。

第二节 统计分组

一、统计分组的概念

统计分组是根据统计研究的需要,将统计总体按照一定的标志区分为若干个组成部分的一种统计方法,总体的这些组成部分称为"组"。统计分组同时具有两方面的含义:①对总体来说是"分",即将总体区分为性质不同的若干个部分;②对总体单位来说是"合",即将性质相同的总体组合起来。例如,要研究"国民经济",就不能仅仅研究国民经济的总体状态,还应按不同的标志对国民经济进行分组研究。又如,按社会再生产各环节,将国民经济划分为生产部门、流通部门、分配部门和消费部门。生产部门又可划分为农业部门,工业部门和建筑部门等。工业部门又可划分为轻工业和重工业两大类。轻工业中又具体包括纺织工业、缝纫工业、皮革工业等。这样按照部分去研究,最后综合起来,才能认识国民经济的运行状态,研究其规律性。

二、统计分组的作用

(一)区分社会经济现象的类型

统计分组的根本作用是将复杂的社会经济现象按重要的标志区分为各个性质不同的组成部分,以揭示不同类型之间的差别,更深刻的认识事物的本质。

【例3-2】 根据2014年全国消费者协会组织受理的消费者投诉信息显示(不含港澳台地区):全年共受理消费投诉619 415件,对消费投诉问题按性质进行分类后得到表3-1。

表 3-1 2014 年消费投诉问题按性质分类情况   单位:件

投诉问题类型	投诉量	投诉比例/%
质量	283 681	45.80
售后服务	110 947	17.91
合同	80 329	12.97
价格	18 207	2.94
安全	12 850	2.07
虚假宣传	9 095	1.47
假冒	5 493	0.89
计量	5 038	0.81
人格尊严	2 877	0.47
其他问题	90 898	14.67

由表 3-1 可知,质量问题占 45.80%,售后服务问题占 17.91%,合同问题占 12.97%,价格问题占 2.94%,安全问题占 2.08%,虚假宣传问题占 1.47%,假冒问题占 0.89%,计量问题占 0.81%,人格尊严问题占 0.46%,其他问题占 14.67%。产品质量、售后服务和合同争议问题仍是引发投诉的主要原因,占投诉总量的 70% 以上。

(二)揭示社会经济现象的内部结构

通过分组,把总体分成若干组成部分,并计算各组成部分在总体中所占比例,就可以反映总体的内部结构,表明一定时间地点条件下总体的结构特征。认识总体各个组成部分的量,及各部分量在总体中所占比重,各组成部分量对总体量的影响,各组在时间上的变化可以说明经济现象发展变化趋势等,从而加深对总体量的认识。

【例 3-3】 我国 2003 年和 2013 年从业人员按三个产业分组情况见表 3-2。

表 3-2 我国三个产业从业者构成情况

产业顺序	2003 年		2013 年	
	从业人员数/万人	从业者比例/%	从业人员数/万人	从业者比例/%
第一产业	36 204	49.1	24 171	31.4
第二产业	15 927	21.6	23 170	30.1
第三产业	21 605	29.3	29 636	38.5
合计	73 736	100	76 977	100

从表 3-2 可以看出:第一产业的从业者比重在这十年间下降了 17.7%,但它的数量仍高于第二产业。同期第二产业和第三产业的从业者比例则处于上升状态,第三产业吸纳就业的比率最高,从 2003 年的 29.3% 上升到 2013 年的 38.5%,已成为吸收就业的主导产业。

此表客观反映了我国从业者的产业结构变化趋势。

(三)分析社会经济现象之间的数量依存关系

任何社会经济现象都不是孤立存在的,而是处于相互联系相互制约之中。把各种性质上有联系的分组资料联系起来进行分析,可以认识不同社会经济现象之间在数量上的依存关系,研究它们其影响程度、作用及规律性,在一定程度上预见现象总体量变动的可能性。

【例3-4】 某市百货商店按商品销售额分组的流通费水平情况见表3-3。

表3-3 2014某市百货商店的流通费用率

商店按商品销售额分组/万元	商店数/个	流通费用率/%
<1 000	16	38.8
1 000～2 000	8	6.4
2 000～3 000	6	5.9
3 000～4 000	5	5.2
≥4 000	2	5.0

从表3-3可知,流通费用率随着商品销售额的增多而逐渐降低,二者呈现出反方向的变动趋势。

上述统计分组的三个作用并不是孤立存在的,而是紧密联系的。揭示现象内部结构和分析现象之间的依存关系是对现象性质的进一步研究,实际工作中三者常常结合使用。

三、分组标志的选择

统计分组的关键在于正确选择分组标志和划分各组界限。选择分组标志就是确定将总体区分为各个性质不同的组的标准或依据。分组标志选择得正确与否,关系到能否准确地反映总体的性质特征,能否实现统计研究的目的和任务。分组标志一经选定并据以进行分组,就突出了总体在此标志下的性质差异,而掩盖了总体在其他标志下的差异。缺乏科学依据的分组,就无法显示现象的根本特征,结果把不同性质的事物混淆在一起,歪曲客观现象的真实情况。因此,选择分组标志时要坚持下述原则。

1.选择分组标志,必须从统计研究目的出发

在对社会经济现象进行分析的基础上,从众多的标志中选择出能够反映总体性质特征的主要标志来作为分组标志,这是选择分组标志的基本要求。以工业企业这一总体为例:当研究的目的是为了观察企业的经济类型时,就应选择所有制形式作为分组标志;当研究的目的是为了观察企业规模的大小时,就应选择产品的数量、职工人数、占地面积、固定资产原值或生产能力作为分组标志;当研究目的在于确定工业内部比例关系时,就应按部门分类,划分为轻工业、重工业或冶金、电力、化工、机械等工业部门。

2.选择分组标志,必须符合研究对象的特点

由于研究目的的不同,对于同一现象需要采用的分组标志就不同。例如,研究居民家庭生活水平,按每户月收入和每户平均收入分组比按其他标志分组更能反映事物本质区别。而

按人均月收入分组,因为剔除了家庭人口多少的影响因素,比按每月收入分组更能反映每个家庭的真正收入水平和生活状况。另外,不同收入水平的家庭还需要分在不同的分组中,才能真正区分开各家庭生活水平上的本质差异。总之,选择分组标志不能违背现象的客观实际情况,否则会造成认识上的错误。

四、统计分组方法与形式

(一)统计分组的方法

按照分组标志的性质不同,统计分组有按品质标志分组和按数量标志分组两种方法。

1. 按品质标志分组

按品质标志分组,就是选择反映事物属性差别的品质标志作为分组标志,并在该标志的变异范围内划定各组界限,将总体区分为性质不同的若干部分或若干组的方法。例如:人口按性别标志,分为男、女两组;存款按所有制性质为标志,分为公有制单位存款,非公有制单位存款、个体户存款;等等。

【例 3-5】 根据本章开头显示的某城市观众对央视各个电视频道喜欢的程度调查资料,进行整理得表 3-4。

表 3-4 某市 50 位受访问者最喜欢的央视频道分组表

频道	喜欢的观众数量/人
中央 1 台	25
中央 2 台	10
中央 3 台	2
中央 5 台	7
中央 6 台	2
中央 9 台	1
中央 10 台	2
中央 11 台	1
合计	50

按品质标志分组时,有些现象比较简单,仅用一个品质标志对总体进行一次划分就足以说明问题。分组标志确定了,现象的标志差异很明确,组限的划分也较为容易,人们称此为简单品质标志分组。有些现象比较复杂,需要用几个品质标志结合起来对其进行分组,同时在分组进程中,有些现象的标志差异不甚明显,往往处于边缘或过渡状况,组限的划分就比较困难。因此,对这些较为复杂的现象按品质标志分组时,一般都规定有统一的划分标准或分类目录,以统一全国的分组口径,如我国制定的《国民经济部门分类目录》《工业产品分类目录》《人口职业分类目录》等。需要指出的是,标准分类目录虽然相对稳定,但也不是固定不变的,它将随着社会经济的发展,增加新的分类而淘汰过时的分类。

2. 按数量标志分组

按数量标志分组,就是选择反映事物数量差异的数量标志作为分组标志,并在该标志的变异范围内划定各组数量界限,将总体划分为性质不同的若干个组成部分或若干组的方法。

【例 3-6】 某社区居民家庭人口分布情况见表 3-5。

表 3-5 某社区居民家庭人口情况

家庭人口数/人	家庭数/户	产数占总人口的比例/%
1	5	3.5
2	31	21.5
3	45	31.3
4	52	36.1
5	11	7.6
合计	144	100.0

实际在分析一个经济问题时,为了从多方面体现总体特征,常常是采用品质标志和数量标志结合进行分组。

【例 3-7】 我国 2014 年年末人口结构状况资料见表 3-6。

表 3-6 我国 2014 年年末人口结构状况

指标		年末人数/万人	各组人数比例/%
全国总人口		136 782	100.00
其中	城镇	74 916	54.77
	乡村	61 866	45.23
其中	男性	70 079	51.23
	女性	66 703	48.77
其中	0~15 岁	23 957	17.51
	16~59 岁	91 583	66.96
其中	60 周岁及以上	21 242	15.53
	65 周岁及以上	13 755	10.06

表 3-6 中的数据将我国 2014 年的人口数据按城乡、性别、年龄特征三个分组标志进行了简单的分组,城乡、性别是品质标志,而年龄是数量标志。此表充分反映了我国人口的城乡比例、性别比例和年龄特征,为研究我国人口发展趋势和经济布局提供了翔实的资料。

(二)统计分组的形式

统计分组按形式不同,分为简单分组和复合分组。

1. 简单分组和平行分组体系

对总体只按一个标志进行分组的,称为简单分组。例如,把人口总体以文化程度为标志分组,将企业总体以生产能力为标志分组,就是简单分组。简单分组只能说明现象在某一方面的分布状态和差异。但要从多个方面研究总体特征时,仅用一个标志进行简单分组就难以满足需要了,必须运用多个分组标志对总体进行多种分组,形成一个分组体系,才能满足研究需要。平行分组体系就是其中的一种分组体系。

对同一总体选择两个或两个以上的标志分别进行简单分组所构成的分组体系叫平行分组体系。

【例 3-8】 对大学生总体按性别、年龄、身高、体重分别进行简单分组,得到的平行分组体系见表 3-7。

表 3-7 平行分组体系

按性别分组	按年龄分组/岁	按身高分组/cm	按体重分组/kg
男生组	<15	<140	<40
女生组	15～20	140～150	40～50
	20～25	150～160	50～60
	≥25	160～170	60～70
		170～180	70～80
		≥80	>80

平行分组体系的特点是:每一次分组只能固定一个因素对差异的影响,不能固定其他因素对差异的影响。

2. 复合分组和复合分组体系

复合分组是指对同一总体选择两个或两个以上的标志进行层叠分组,该分组能够在深度上说明现象的内部结构和差异状态。

复合分组体系的特点是:第一次分组只固定一个因素对差异的影响,第二次分组时固定两个因素对差异的影响,当最后一次分组时,所有被选择标志对差异的影响已全部被固定。

【例 3-9】 2014 年某地区 24 个工业企业的资料见表 3-8。

表 3-8 某地区工业企业资料

企业编号	经济类型	企业规模	职工人数/人	全年总产值/万元
1	国有企业	中	3 200	3 500
2	国有企业	大	8 500	11 000
3	其他类型企业	中	2 400	2 200
4	个体企业	小	300	200
5	集体企业	中	800	740
6	个体企业	小	160	120
7	个体企业	小	80	35
8	集体企业	小	65	30

续 表

企业编号	经济类型	企业规模	职工人数/人	全年总产值/万元
9	国有企业	小	120	80
10	其他类型企业	中	1 000	1 200
11	集体企业	中	1 800	2 000
12	个体企业	小	400	250
13	其他类型企业	小	130	94
14	国有企业	中	900	2 100
15	集体企业	小	270	300
16	个体企业	小	460	220
17	国有企业	大	5 600	30 000
18	国有企业	大	4 700	28 000
19	个体企业	小	300	350
20	集体企业	小	280	300
21	个体企业	小	160	200
22	其他类型企业	小	200	170
23	集体企业	小	140	97
24	其他类型企业	小	50	100

对表 3-8 的资料进行简单分组,得到表 3-9 和表 3-10。

表 3-9　对某地区工业企业按经济类型分组

按经济类型分组	企业数/个	职工人数/人	总产值/万元
国有企业	6	23 023	74 680
集体企业	6	3 355	3 467
个体企业	7	1 860	1 375
其它类型企业	5	3 820	3 764
合　计	24	32 055	83 286

表 3-10　对某地区工业企业按规模分组

按企业规模分组	企业数/个	职工人数/人	总产值/万元
大型	3	18 800	69 000
中型	6	10 100	11 740
小型	15	3 155	2 546
合计	24	32 055	83 286

若对表 3-8 资料按经济类型和企业规模进行复合分组,可得到的复合分组体系见表 3-11。

表 3-11 复合分组体系

	企业数/个	职工人数/人	总产值/万元
国有企业	6	23 020	74 680
大型	3	18 800	69 000
中型	2	4 100	5 600
小型	1	120	80
集体企业	6	3 355	3 467
大型	—	—	—
中型	2	2 600	2 740
小型	4	755	727
个体企业	7	1 860	1 375
大型	—	—	—
中型	—	—	—
小型	7	1 860	1 375
其他类型企业	5	3 820	3 764
大型	—	—	—
中型	2	3 400	3 400
小型	3	420	364
合计	24	32 055	83 286

第三节 分布数列

一、分布数列的概念和种类

(一)分布数列的概念

在统计分组的基础上,将总体中的所有单位按组归类整理,形成总体单位在各组间的分配,叫次数分配。分配在各组的个体单位数叫次数,又称为频数。各组次数与总次数之比称比率,又称为频率,将各组组别与次数依次编排而成的数列叫分配数列。分配数列由各个不同的组及各组次数两部分构成。

(二)分布数列的种类

根据分组标志的特征不同,分配数列可以分为品质分配数列和变量分配数列。

1. 品质分配数列

品质分配数列是按品质标志分组编制的统计数列。在实际生活中，人口按性别、民族分组，企业按经济类型分组，产品按用途分组等，这样所形成的分配数列都是品质分配数列。

【例 3-9】 某市工商管理部门研究该市的广告类别，对 300 人就广告问题做了现场问卷调查，调查数据经分类整理后见表 3-12。

表 3-12 某城市的广告类型

广告类型	人数/人	比率/%
商品广告	204	68.0
服务广告	36	12.0
金融广告	19	6.3
房地产广告	26	8.7
招生招聘广告	10	3.3
其他广告	5	1.7
合计	300	100

表 3-12 是按照分类变量进行分组得到的品质数列。

2. 变量分配数列

变量分配数列是按数量标志分组编制的分配数列。变量数列按变量值是否存在变动范围，又分为单项式变量数列和组距式变量数列。

(1) 单项式变量数列是以每个变量值作为一组，按各组顺序简单排列编制的变量数列。表 3-13 就是这种数列。

(2) 组距式变量数列是以变量的一定变动范围作为一组，按各组顺序排列编制的变量数列。组距数列根据组距是否相等，又分为等距数列和异距数列。表 3-14 是等距数列，表 3-15 是异距距数列。

一般来说：当分组变量是离散变量时，其变异范围较小，编制单项式变量数列；如果变异范围较大，那么编制组距数列。当分组变量是连续变量时，无论变异范围大小，都编制组距数列。

【例 3-10】 将 2015 年初某地区居民家庭按人口数分组，结果见表 3-13。

表 3-13 2015 年初某地区居民家庭人口数资料

家庭人口数/人	居民户数/万户	比率/%
1	8.6	27.74
2	10.0	32.26
3	7.1	22.90
4	5.3	17.10
合计	31.0	100.00

【例 3-11】 把某会计公司客户按审计时间进行等距分组,得到等距变量数列,见表 3-14。

表 3-14 某会计公司客户审计时长表

审计时间/天	客户数量/家	比率/%
10～15	6	20.0
15～20	10	33.3
20～25	8	26.7
25～30	4	13.3
≥30	2	6.7
合计	30	100.0

在组距变量数列中,各组内变量值的变化范围叫组距,每个组变量的起点数值叫下限,终点数值叫上限,上限－下限＝组距。

等距式变量数列是指各个组变量值的变化范围相等,见表 3-14。异距式变量数列是指各个组变量值的变化范围不相等。一般来说,当变量值变化不均匀时,宜采用异距分组。

【例 3-12】 对儿童按年龄分组,可以反映儿童不同年龄的生理变化特点,就采用异距式分组,分组的结果要能反映现象之间的性质差异。见表 3-15。

表 3-15 对社区的儿童按年龄分组

按儿童年龄的分组/岁	儿童数/人
<1	30
1～3	57
4～6	82
7～15	56
合计	225

二、变量数列的编制

变量数列有单项数列和组距数列之分,单项变量数列的编制很简单,只需要将变量值相同的单位归类在同一组,然后按一定顺序排列即形成数列。它适用于离散变量且变异范围小的情形。如果总体单位较多,且标志值变动范围大,就宜于编制组距变量数列。下面以等距数列为例说明变量数列的编制步骤。

【例 3-13】 在某城市随机挑出 105 套商品房,房价数据(单位:万元)如下:

175　242　296　312　174　218　325　270　262　186　264　225
289　217　311　174　246　182　244　196　188　199　192　268
125　188　312　214　283　257　277　236　155　236　244　293

148	172	234	209	175	223	166	222	177	245	208	180
233	251	209	216	177	189	327	199	235	197	244	190
193	255	227	272	209	207	205	149	253	128	156	173
221	252	244	178	176	207	220	188	187	266	196	167
302	228	209	294	178	292	209	177	269	166	294	243
188	207	375	183	223	189	176	198	237			

由于资料比较零散,看不出房价有何特征,故通过编制数列研究本城市房价分布情况。

第一步:计算全距。全距是最大变量值与最小变量值之间的离差。根据【例3-13】资料计算,全距=375万元-125万元=250万元。全距表明变量值变动的最大范围或幅度,是确定组数和组距的依据。

第二步:确定组数和组距。组距是指每组上限和下限的距离,它与组数相互制约,呈反比例关系。组距越大,组数越少;组距越小,组数越多。一般来说:当变量值的变化比较分散的时候,要适当扩大组距,减少组数;当变量值的变化比较集中时,则要适当缩小组距,增加组数。总而言之,确定组距和组数,应当全面分析统计资料所反映的社会经济内容、变量值的分散程度等多种因素,通过分组体现出总体各单位在不同组之间的分配特点和规律。

结合该案例资料,将商品房价分为5组,组距=全距÷组数=250万元÷5=50万元。

第三步:确定组限和组限的表示。组限是指相邻组之间的数量界限,其实质是相邻组之间的性质界限。依据连续变量分组,相邻组的组限要求重叠,依据离散变量分组,相邻组的组限要用连续的自然数断开。计算分布在各组的总体单位数时,要遵守"上组限不在其内"原则。

第四步:计算频数和频率,编制变量数列。频数(次数)是指分布在每一组的总体单位个数。频率是指各组单位数在总体单位总量中占到的比率。为了统计分析的需要,有时要观察某一数值以上或者某一数值以下频数或频率之和,这就需要计算累计频数及累计频率,累计方向有两种。向上累计频数是将各组频数由变量值小的组向变量值大的组累计,列在某组的累计频数反映该组上限以下的累计结果;向下累计频数是将各组频数由变量值大的组向变量值小的组累计,列在某组的累计频数反映该组下限以上的累计结果。累计频数用相对数表示时,称为累计频率(比率)。

【例3-14】 现将【例3-13】中商品房价格进行等距分组,结果见表3-16。

表3-16 某市105套商品房价格的频数分布表

按房价分组	各组频数		向上累计次数		向下累计次数	
万元	频数/套	频率/%	频数/套	频率/%	频数/套	频率/%
<150	4	3.81	4	3.81	105	100.00
150~200	38	36.19	42	40.00	101	96.19
200~250	37	35.23	79	75.23	63	60.00
250~300	19	18.10	98	93.33	26	24.77

续 表

按房价分组	各组频数		向上累计次数		向下累计次数	
万元	频数/套	频率/%	频数/套	频率/%	频数/套	频率/%
≥300	7	6.67	105	100.00	7	6.67
合计	105	100.0	—	—	—	—

从上面可以看出：套房价格比较集中，在150～250万元之间，所占比例为71.42%，次之是套房，价格在250～300万元之间，所占比例为18.10%。

三、次数分布的图示法

(一)直方图

直方图是用长方形的宽度和高度来表示次数分布的一种统计图。在绘制直方图时，横坐标表示各组组限，纵坐标表示频数和频率，然后按分布在各组的频数及频率确定其在纵坐标的高度绘制直方图。直方图一般不用来表示累计次数分布。

【例3-14】 某商场移动电源促销期为55天，对日促销量数据进行整理得到表3-17。

表3-17　某商场移动电源日促销量统计表

销售量/个	天数/天	频率/%
<70	13	23.64
70～90	28	50.91
90～110	12	21.82
≥110	2	3.63
合计	55	100.0

根据表3-17资料绘制直方图，如图3-1所示。

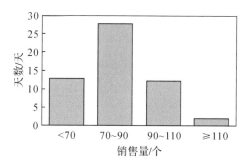

图3-1　某商场移动电源日促销量频数分布直方图

(二)折线图

折线图可以在直方图的基础上，用线段将各组组中值与数频高度的交点顺次连结而成，如图3-2所示。

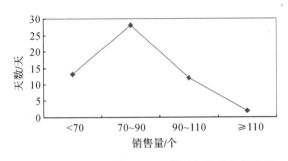

图 3-2　某商场移动电源日促销量频数分布折线图

折线图可以用来表示累计频数分布。根据表 3-17 资料作出累计频数分布表,见表 3-18。

表 3-18　移动电源日促销量累计频数分布表

销售量/个	天数/天	频率/%	向上累计		向下累计	
			数量/个	频率/%	数量/个	频率/%
＜70	13	23.64	13	23.64	55	100.00
70～90	28	50.91	41	74.55	42	76.64
90～110	12	21.82	53	96.37	14	25.54
≥110	2	3.63	55	100.0	2	3.63
合计	55	100.0	—	—	—	—

累计频数分布折线图分为向上累计频数分布折线图和向下累计频数分布折线图。绘制向上累计频数分布折线图时,从首组的下限开始,将每组上限和累计频数的交点用线段连结起来;绘制向下累计频数分布折线图时,从末组的下限开始,将每组下限和累计频数的交点用线段连结起来。两种累计频数分布折线图,如图 3-3(a)(b)所示。累计频率分布折线图做法与累计频数分布折线图相同。

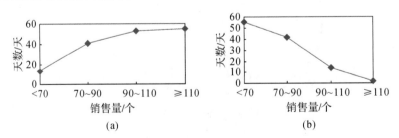

图 3-3　累积频数分布折线图
（a）向上累计频数分布折线图；(b)向下累计频数分布折线图

(三)曲线图

当变量值非常多,变量数列的组数无限增多时,折线便近似地表现为一条平滑的曲线。

曲线图是组数趋向于无限多时折线图的极限描绘,是一种理论曲线。它实质上是对应于连续变量的次数或比率分布的函数关系图。

四、频数分布的曲线类型

各种不同性质的社会经济现象都有着特殊的频数分布类型,总体可概括为下列四种类型。

(一)钟形分布

钟形分布的特征是"两头小、中间大",即靠近中间的变量值分布的次数多,靠近两端的变量值分布的次数少,绘制成曲线图,宛如一口古钟,如图3-4所示。

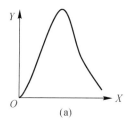 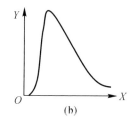 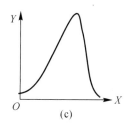

图3-4 钟形曲线图

钟形分布具体可分为对称分布和非对称分布两类。对称分布的特征是中间变量值分布的频数最多,两侧变量值分布的频数随着与中间变量值距离的增大而渐次减小,并且围绕着中心变量值两侧呈对称分布,如图3-4(a)所示。对称分布中的正态分布最重要,许多社会经济现象总体的分布都趋近于正态分布,如农产品平均亩产量的分布、零件公差的分布、商品市场价格的分布等。在非对称分布中,有不同方向的偏态,如图3-4(a)和(b)所示。

(二)水平分布

水平分布的特征是总体内各个变量值分布的频数大体相等,绘制成图形,表现为一条水平线。在现实生活中,严格意义上的水平分布是比较少见的,但对这种分布的研究,在统计理论上有着特殊的意义。

(三)U形分布

U形分布的特征与钟形分布恰恰相反,靠近两端的变量值分布的频数大,靠近中间的变量值分布的频数小,形成"两头高,中间低"的分布特征。绘制成曲线图,像英文字母"U"字,如图3-5所示。

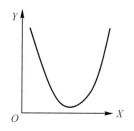

图3-5 U形分布图

(四)J形分布

J形分布有两种类型。正J形分布是频数随着变量值的增大而增多,绘制成曲线图,像英文字母"J"字,如图3-6(a)所示。反J形分布频数随着变量值增大而减小,如图3-6(b)所示。例如,在投资经济活动中,投资额按利润大小分布,一般呈正J形分布。在商业经济活动中,流通费用率按商品销售额的多少分布,一般呈反J形分布。

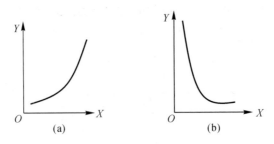

图 3-6 正 J 形分布和反 J 形分布图
(a)正 J 形分布；(b)反 J 形分布

第四节 统计表

一、统计表的概念

统计表是以纵横交叉的线条所绘制的表格来表现统计资料的一种形式，是表现统计资料的各种形式中应用得最广泛的一种形式。统计表既能有条理、有系统地排列统计资料，使人在阅读时一目了然，又能科学地、合理地组织统计资料，使人在阅读时便于对照比较。

二、统计表的构成与内容

(一)统计表的构成

统计表(见表 3-19)是由总标题、横行标题、纵栏标题和指标数值四部分构成。

总标题是统计表的名称，用以概括表中全部统计资料的内容，一般写在表的上端，居中。

横行标题是横行的名称，在统计表中通常用来表示各组的名称，它代表统计表中资料所要说明的对象，通常写在表的左方。

纵栏标题是纵栏的名称，在统计表中通常用来表示统计指标名称，一般写在表的上方。

指标数值列在各横行标题与各纵栏标题的交叉处。统计表中任何一个数字的内容均由横行标题和纵栏标题所限定。

此外，有些统计表会在表下增列补充资料、注解、附记、资料来源、某些指标的计算方法、填表单位、填表人员以及填表日期等。

(二)统计表的内容

统计表的内容可分为两个组成部分。一部分是统计表所要说明的总体，它可以是各个总体单位的名称、总体各组的组别，或者是总体单位的全部，这一部分内容习惯上称为主词。另一部分则是说明总体的统计指标，包括指标名称和指标数值，这一部分内容习惯上称为宾词(见表 3-19)。

表 3-19 2014 年我国对主要贸易国货物进出口额　←总标题

国家	出口额/亿元	进口额/亿元
美国	24 328	9 764
日本	9 187	10 027
韩国	6 162	11 677
合计	39 677	31 468

（横行标题｛美国、日本、韩国、合计｝　主词；出口额/亿元、进口额/亿元　宾词；纵栏标题；指标数值）

通常，统计表的主词列在横行标题的位置，宾词中的指标数值列在纵栏标题的位置。但有时为了编排合理和阅读方便，其位置也可以互换。

三、统计表的分类

（一）按统计表的作用分类

(1) 调查表。调查表是在统计调查中用于登记、收集原始统计资料的统计表。

(2) 汇总表或整理表。汇总表或整理表是在统计汇总或整理过程中用于表现统计汇总或整理结果的表格，如表 3-15。

(3) 分析表。分析表是在统计分析中用于对整理所得的统计资料进行定量分析的表格。这类表格往往是在整理表中增列若干统计分析指标栏，成为整理表的延续。

（二）按统计数列的性质分类

(1) 空间数列表。空间数列表指反映在同一时间条件下，不同空间范围内的某项或某几项统计数列的表格。可用以说明在静态条件下某一或某些社会经济现象在不同空间内的数量分布，又称静态表，见表 3-20。

表 3-20 2014 年居民消费价格指数比上年涨跌幅度　　　　　　　单位：%

指标	全国	城市	农村
居民消费价格	2.0	2.1	1.8
其中：食品	3.1	3.3	2.6
烟酒及用品	-0.6	-0.7	-0.5
衣着	2.4	2.4	2.4
家庭设备用品	1.2	1.2	1.2
医疗保健和个人用品	1.3	1.2	1.5
交通和通信	-0.1	-0.2	0.0
娱乐教育文化用品及服务	1.9	1.9	1.7
居住	2.0	2.1	1.9

(2)时间数列表。时间数列表指反映在同一空间条件下,不同时间阶段某项或某几项统计数列的表格。它可用以说明在空间范围不变条件下,某一或某些社会经济现象在不同时间上的数量变动,又称动态表,见表3-21。

表 3-21　我国建筑业增加值情况(2010—2014 年)

年份	增加值/亿元	同比/%
2010	27 178	13.9
2011	32 840	9.8
2012	36 805	9.8
2013	40 807	9.7
2014	44 725	8.9

(3)时空数列结合表。时空数列结合表指同时反映上述两方面内容的统计表,即不但说明某一或某些现象在不同空间内的数量分布,而且说明它们在不同时间上的数量变动。这种统计表也可归为时间数列表。

(三)按分组的情况分类

(1)简单表。简单表指总体未经任何分组,仅排列各单位名称或按时间顺序排列的统计表,见表3-17。

(2)简单分组表。简单分组表指总体仅按一个标志分组,即应用简单分组形成的统计表。

(3)复合分组表。复合分组表指总体按两个或两个以上标志进行层叠分组,并在此基础上形成的统计表。

四、统计表的设计

设计统计表时必须遵循科学、实用、简练、美观的原则,具体有以下基本要求。

(1)统计表的总标题,应当用简明、确切的文字概括地表述统计表的基本内容及时间、空间范围。

(2)纵栏、横行标题应按一定的顺序,如时间的先后、空间的位置、指标之间的逻辑关系等合理排列。

(3)必须注明指标的计量单位。若全表只有一个计量单位,可写在表的右上角;若各行的计量单位不同,可在横行标题后添一栏计量单位;若各列的计量单位不同,则可在纵栏标题下方或右侧标明。

(4)表的横、竖比例要适当。各纵栏之间画细线,各横行之间可不画线;表的上、下两端的端线一般用粗线,表的左、右两端习惯不封口。

(5)当表的栏数多时,可以编号。通常:用文字表示的栏目以甲、乙、丙等表示;以数字表示的栏目,一般用1、2、3等数字表示。

(6)表中的相同数字不得用"同上""同左"等表示。表中一般不留下空格:当数字极少或不详时,用"……"表示;当某项资料免填时,用"×"表示;当没有数字时用"—"表示。

(7)表中数字要填写工整,数位对齐。

(8)统计表的资料来源或其他需要说明的事项可作为注释,置于表下,以便查考。

(9)统计表中各横行的合计一般列在最后一行,各纵栏的合计应列在最前一栏。

重点和难点

(一)统计整理的概述

难点:数据整理的原则步骤。

(二)统计分组

重点:统计分组的内涵、分组标志的选择。

难点:能够对数据集进行分组,并用恰当的方式表示出来。

(三)分布数列

重点:分布数列的概念和种类。

难点:能够对数据集进行变量数列的编制并能用图表示。

(四)统计表

重点:统计表的概念、构成与内容。

同步综合练习

一、思考题

1.什么是统计整理?统计整理包括哪些内容?

2.什么是统计分组?统计分组有何作用?

3.什么是分组?应如何选择分组标志?

4.什么是分配数列?分配数列分为哪几种?

5.什么是品质数列?什么是变量数列?这两者间有什么区别?

6.简述统计表的种类。

7.什么是简单表?什么是简单分组表?什么是复合分组表?它们之间有何不同?

8.举例说明"上限不在内"原则。

二、计算题

1.某设计公司实行弹性上班制度,雇员可以在 7:00、7:30、8:00、8:30 或 9:00 去上班,雇员上班时间的样本资料见表 3-22。

表 3-22　某设计公司雇员上班时间情况

7:00	8:30	9:00	8:00	7:30	7:30	8:30	8:30	7:30	7:00
8:30	8:30	8:00	8:00	7:30	8:30	7:00	9:00	8:30	8:00

要求：编制单项数列，说明该公司雇员上班时间的特征。

2. 一个最新的有关家庭科技的研究报告显示，由 60 个人构成的调查样本中，每星期使用个人电脑的时长（单位：h）见表 3-23。

表 3-23　某年样本中每星期使用个人电脑情况

10.3	4.3	7.3	8.9	7.5	1.6	6.2	5.6	9.9	3.3
4.3	2.1	2.8	0.5	3.9	3.8	1.7	4.7	5.7	6.9
2.3	9.8	6.7	5.0	1.8	8.6	4.3	5.6	5.1	5.6
6.4	4.8	2.1	10.1	1.3	5.6	2.4	2.4	4.7	1.7
3.0	6.7	1.1	6.7	2.2	2.6	9.8	6.4	4.9	5.2
4.2	9.0	10.5	4.9	4.6	4.1	9.3	8.5	6.0	8.5

注：那些不在家工作和把电脑当作工作一部分的样本不包含在内。

要求：

(1) 根据个人电脑使用时间资料，编制等距数列。

(2) 画出频数分布直方图。

(3) 解释分组的意义。

3. 某旅游局针对旅客投诉宾馆房间问题进行整理，得到数据见表 3-24。

表 3-24　旅客投诉某宾馆房间问题情况

投诉问题类型	投诉量/次
房间不干净	36
房间未准备好	12
房间太吵	10
房间舒适度低	24
房间床少	9
房间准备不理想	7
房间不能满足特殊要求	2

(1) 制作频数及累计频数分布曲线图。

(2) 如果宾馆改善服务，减少投诉次数，你认为重点应该解决好哪些投诉问题？

(3) 如果你是宾馆经营者，谈谈你的经营理念及服务目标是什么？

4. 一家航空公司接受电话订票,为了研究该业务的服务质量,随机抽出20个电话订票者,统计其订票所花费的时间(单位:min)见表3-25。

表3-25 某航空公司订票所花费时间情况

2.1	4.8	5.5	10.4	3.3	3.5	4.8	5.8	5.3	5.5
2.8	3.6	5.9	6.6	7.8	10.5	7.5	6.0	4.5	4.8

试根据上述资料,编制频数和频率分布表,并绘制曲线图,说明曲线类型。

5. 调查50户居民的人均月消费支出额(单位:元),具体数据如下:

883	900	800	928	854	909	853	971	926	828
936	916	885	977	911	988	831	934	655	856
876	918	989	936	940	854	1 040	917	939	842
1 017	918	968	806	1 000	908	1 030	844	1 110	910
876	915	964	880	1 016	916	910	989	886	1 110

要求:

(1)根据上述资料编制等距数列。
(2)编制向上和向下累计频数分布表。
(3)根据所编制的等距数列,绘制其频数分布直方图和折线图。
(4)根据所编制的累计频数分布表,绘制累计频数分布曲线图。
(5)根据累计频数分布曲线图,指出人均月消费支出额在1 000元以上的有多少户?占多大比例?人均月消费支出额在900元以下的有多少户?占多大比例?
(6)根据频数分布曲线图说明人均月消费支出额的分布属于哪一种类型?

6. 某学院有30个学生参加了全国英语六级考试,他们的考试成绩见表3-26。

表3-26 某学院学生考试成绩情况

编号	性别	系别	成绩	编号	性别	系别	成绩
1	男	财政	61	16	男	国贸	61
2	男	国贸	78	17	女	财政	56
3	男	金融	60	18	男	国贸	62
4	女	财政	65	19	男	财政	59
5	男	国贸	57	20	女	金融	64
6	男	国贸	67	21	男	金融	81
7	女	财政	58	22	男	财政	60
8	女	国贸	66	23	男	财政	60
9	女	国贸	82	24	女	国贸	59
10	男	金融	63	25	女	国贸	61

续 表

编号	性别	系别	成绩	编号	性别	系别	成绩
11	男	国贸	64	26	女	国贸	59
12	女	国贸	60	27	男	国贸	83
13	女	金融	62	28	女	金融	63
14	男	国贸	60	29	男	国贸	73
15	女	国贸	68	30	女	国贸	80

要求：试利用上表中的资料编制以下统计表。

(1)主词用一个品质标志分组，宾词用剩余的两个标志并列排列。

(2)主词用一个数量标志分组，宾词用剩余的两个标志层叠排列。

(3)根据分组结果说明学生英语六级考试成绩分布特征。

第四章 数据分布特征的描述

在学习本章后,学生应了解测度和描述数据分布的特征,能够熟练掌握数据分布特征各测定值的计算方法、特点及其应用场合。

第一节 数据分布集中趋势的测定

通过调查获得、经过整理后展现的数据已经可以反映出被研究对象的一些状态与特征,但认知程度还比较肤浅,反映的精确度还不够,下面使用各类代表性的数量特征值来准确地描述这些数据,这是描述性统计的工作。

关于描述统计,比如相对程度(relative degree)是两个有联系的指标的比率,如产量计划完成程度、性别比例、人均耕地面积等。反映相对程度的指标有计划完成程度相对指标、结构相对指标、比例相对指标、比较相对指标、动态相对指标和强度相对指标六类,还比如集中趋势(central tendency)的描述,有离散程度的度量等等。

集中趋势(central tendency)反映的是一组数据向某一中心值靠拢的倾向,在中心值附近的数据数目较多,而远离中心值的较少。对集中趋势进行描述就是寻找数据一般水平的中心值或代表值。根据取得这个中心值的方法不同,把测度集中趋势的指标分为两类:数值平均数和位置平均数。

一、数值平均数

数值平均数是总体内各个体某一数量标志的具体表现在一定时间、地点、条件下所达到的一般水平,是反映现象总体综合数量特征的重要指标,又称为平均指标。

数值平均数有算术平均数、调和平均数和几何平均数三种形式。

(一)算术平均数

算术平均数是社会经济统计中最常用的一种平均指标,是描述现象一般水平或典型特征的基本指标,如工人劳动生产率、居民家庭人均消费额、企业平均利润等。可见,算数平均指标是总体标志总量与总体单位总量对比所得。算术平均数的基本公式为

$$算术平均数 = \frac{总体标志总量}{总体单位总量}$$

该基本公式有两个特点:①分子和分母是同一个总体中两个不同的总量。如果是两个不同总体的总量对比,得到的结果就不是算术平均数,而是强度相对数。②分子和分母之间具有直接的数量依存关系。其分母总量是分子总量的承担者,分子是分母总量的具体表现。强度相对指标虽然也具有平均的意思,但是它的分子分母之间不存在直接的数量依存关系,

故不是平均指标。

【例 4-1】 某企业 2015 年一季度甲产品的 12 个销售网点共完成 492 万元的营销额,则该企业各销售网点的产品平均营销额为

$$网点平均营销额 = \frac{492}{12} 万元 = 41 万元$$

计算平均指标的方法有两种:简单算术平均法和加权算术平均法。

1. 简单算术平均法

简单算术平均法应用于对未分组数列计算平均数,公式为

$$\overline{X} = \frac{X_1 + X_2 + \cdots + X_N}{N} = \frac{\sum X}{N}$$

式中:$\overline{X}$ 表示算术平均数;X 表示各单位标志值(或变量值);N 表示总体单位数;$\sum$ 表示求和符号。

当总体范围小,总体单位数很少时,可以直接将各单位的标志值简单相加,求出标志总量,再除以总体单位数,就得出了平均数,故称此方法为简单算术平均法。

【例 4-2】 某一商场 6 个家电营业小组,某日的营业额分别为 3、5、4、7、11、12,则这 6 个家电营业小组的日平均营业额为

$$日平均营业额 = \frac{3+5+4+7+11+12}{6} 万元 = \frac{42}{6} 万元 = 7 万元$$

简单的算术平均数计算公式中,每个变量值出现的次数都为一次(相同)。如果情况不是这样,就要考虑次数结构对平均数的影响,这就需要用加权算术平均法计算平均数。

2. 加权算术平均法

加权算术平均法应用于对分组数列计算平均数。由于分组数列分为单项数列和组距数列,所以可以应用加权算术平均法分别对其计算平均数。

(1)单项变量数列平均数的计算。对单项数列计算加权算术平均数时,先计算出每组的标志总量,加总得到总体标志总量,之后除以总体单位总量,得出算术平均数。其计算公式为

$$\overline{X} = \frac{X_1 f_1 + X_2 f_2 + X_3 f_3 + \cdots + X_n f_n}{f_1 + f_2 + f_3 + \cdots f_n} = \frac{\sum Xf}{\sum f} = \sum X \frac{f}{\sum f}$$

式中:f 代表各组频数;其他符号与前面相同。

【例 4-3】 某零件生产车间 24 名工人的日产量分组资料见表 4-1。

表 4-1 某零件生产车间工人按日产量分组表

日产零件数(X)/件	工人数(f)/人	各组日产量(Xf)/件
5	6	30
7	11	77
10	4	40
12	3	36
合计	24	183

解：根据表4-1计算该零件生产车间的工人平均日产量为

$$平均日产量 = \frac{日产总量}{工人人数}$$

$$= \frac{5 \times 6 + 7 \times 11 + 10 \times 4 + 12 \times 3}{6 + 11 + 4 + 3} 件 = \frac{183}{24} 件 = 7.63 件$$

（2）组距变量数列平均数的计算。

【例4-4】 某企业80名职工月工资分组资料见表4-2，试计算该企业职工平均工资。

表4-2 某企业职工月工资分组表

工资/元	组中值(X)/元	职工数(f)/人	各组工资总额(Xf)/元
<3000	2 500	12	30 000
3000～4000	3 500	20	70 000
4000～5000	4 500	40	180 000
5000～6000	5 500	8	44 000
合计	—	80	324 000

解：根据表4-2计算该企业80名职工月平均工资为

$$\overline{X} = \frac{X_1 f_1 + X_2 f_2 + X_3 f_3 + \cdots + X_n f_n}{f_1 + f_2 + f_3 + \cdots f_n} = \frac{2\,500 \times 12 + 3\,500 \times 20 + 4\,500 \times 40 + 5\,500 \times 8}{80} 元$$

$$= \frac{324\,000}{80} 元 = 4\,050 元$$

3. 简单算术平均数与加权算术平均数的区别

从上面计算平均数的过程可以看出：简单算术平均数只受变量值大小一个因素的影响；而加权算术平均数不仅受各组变量值大小的影响，而且还受各组次数（f）多少的影响。可见，各组变量值次数的多少，对于算术平均数具有权衡轻重的作用，故把次数又称为权数。用权数去乘变量值再相加，则称为加权。平均数若以加权的方法计算，称为加权算术平均数。

如果各组权数相同，权数就失去了权衡轻重的作用，加权算术平均数就变成了简单算术平均数，即

当 $f_1 = f_2 = f_3 = \cdots\cdots = f_n = A$ 时，有

$$\overline{X} = \frac{\sum X \cdot f}{\sum f} = \frac{A \sum X}{NA} = \frac{\sum X}{N}$$

可见，简单算术平均数是加权算术平均数的一种特例。

加权算术平均数的权数可以是绝对数形式，也可以是相对数形式，分别叫频率或比重。两种权数计算的加权算术平均数完全相同。以比重权数计算加权算术平均数公式为

$$\overline{X} = X_1 \cdot \frac{f_1}{\sum f} + X_2 \cdot \frac{f_2}{\sum f} + X_3 \cdot \frac{f_3}{\sum f} + \cdots + X_n \cdot \frac{f_n}{\sum f} = \sum X \cdot \frac{f}{\sum f}$$

用比重权数计算的加权算术平均数可以更明确地显示权数的实质。

4.算术平均数的数学性质

算术平均数具有下列重要的数学性质：

(1)各个变量值与其算术平均数的离差总和等于零。

简单算术平均数为：

$$\sum(X-\overline{X})=0$$

加权算术平均数为：

$$\sum(X-\overline{X})f=0$$

(2)各个变量值与其算术平均数的离差平方总和为最小值。

简单算术平均数为：

$$\sum(X-\overline{X})^2=最小值$$

加权算术平均数为：

$$\sum(X-\overline{X})^2 f=最小值$$

(3)两个独立的同性质变量代数和的平均数等于其平均数的代数和，即

$$\overline{X+Y}=\overline{X}+\overline{Y}$$

(4)两个独立的同性质变量乘积的平均数等于其平均数的乘积，即

$$\overline{(X \cdot Y)}=\overline{X} \cdot \overline{Y}$$

了解算术平均数的数学性质，既有利于理解算术平均数的特性，又有利于后面各章的学习。

(二)调和平均数的应用意义

调和平均数是总体中各单位变量值倒数的算术平均数的倒数，所以也称倒数平均数，通常用 H 表示。

在统计实践中，由于所掌握资料的情形不同，多数情况是不能直接用算术平均数的方法计算平均数，而以调和平均数的形式计算平均数。可见，调和平均数是作为算术平均数的变形来应用的。

1.调和平均数的计算

调和平均数的计算方法也分为简单调和平均法和加权调和平均法两种，前者适用于未分组资料，后者适用于分组资料。

(1)简单调和平均法。

$$H=\cfrac{1}{\cfrac{\cfrac{1}{X_1}+\cfrac{1}{X_2}+\cfrac{1}{X_3}+\cdots+\cfrac{1}{X_n}}{N}}=\cfrac{N}{\cfrac{1}{X_1}+\cfrac{1}{X_2}+\cfrac{1}{X_3}+\cdots+\cfrac{1}{X_n}}=\cfrac{N}{\sum\cfrac{1}{X}}$$

(2)加权调和平均法。

$$H=\cfrac{1}{\cfrac{\cfrac{M_1}{X_1}+\cfrac{M_2}{X_2}+\cfrac{M_3}{X_3}+\cdots+\cfrac{M_n}{X_n}}{M_1+M_2+M_3+\cdots+M_n}}=\cfrac{M_1+M_2+M_3+\cdots+M_n}{\cfrac{M_1}{X_1}+\cfrac{M_2}{X_2}+\cfrac{M_3}{X_3}+\cdots+\cfrac{M_n}{X_n}}=\cfrac{\sum M}{\sum\cfrac{1}{X}M}$$

第四章 数据分布特征的描述

由于调和平均数是作为算术平均数的变形来应用的,故应符合算术平均数基本公式的要求:分子应是总体标志总量,分母应是总体单位总量。这时加权调和平均法公式中的 $\sum M$ 应是总体标志总量,即 $M = X \cdot f, f = \dfrac{M}{X} = \dfrac{1}{X} \cdot M$。显然,$M$ 在这里是名义权数。

通常是在缺少分母资料时才应用加权调和平均法计算平均数的。

【例 4-5】 某零件生产车间 24 名工人的日产量分组资料见表 4-3。【例 4-3】中计算该车间工人的平均日产量时,掌握了各组的日产零件数(X)和各组工人人数(f)资料;本例中是掌握了各组的日产总量(M)资料。

表 4-3　某零件生产车间工人按日产量分组表

日产零件数(X)/件	各组日总产量(M)/件	各组工人数($f = \dfrac{M}{X}$)/人
5	30	6
7	77	11
10	40	4
12	36	3
合计	183	24

解:该零件生产车间工人的平均日产量为

$$\text{平均日产量} = \dfrac{\sum M}{\sum \dfrac{1}{X}M} = \dfrac{30+77+40+36}{\dfrac{30}{5}+\dfrac{77}{7}+\dfrac{40}{10}+\dfrac{36}{12}} \text{件} = \dfrac{183}{24} \text{件} = 7.63 \text{件}$$

可见,加权调和法平均数与加权算术平均法的计算结果一样。

2. 算数平均法与调和平均法的应用

(1)根据相对数计算平均指标。

【例 4-6】 某餐饮公司所属 15 个企业,销售额计划完成情况见表 4-4。

表 4-4　某餐饮公司所属企业按销售额计划完成程度分组资料

按销售额计划完成程度分组/%	组中值(X)/%	企业数/个	计划产值(f)/万元
<90	85	1	600
90~100	95	3	1 200
100~110	105	9	28 000
≥110	115	2	6 000

要求计算该餐饮公司 15 个企业的销售额计划平均完成程度。

解:该餐饮公司销售额计划平均完成程度为

$$\overline{X} = \frac{\sum Xf}{\sum f} \times 100\% = \frac{600 \times 85\% + 1\,200 \times 95\% + 28\,000 \times 105\% + 6\,000 \times 115\%}{600 + 1\,200 + 28\,000 + 6\,000} \times 100\%$$

$$= \frac{37\,950}{35\,800} \times 100\% = 106.01\%$$

(2) 根据平均数计算平均指标。

【例 4-7】 某木材加工企业从多个地区购进相同的原材料,资料见表 4-5。

表 4-5　某企业从不同地区购进某种材料的资料

地区名称	价格(X)/(元·m²)	购进额(M)/元
甲地	890	660 000
乙地	1 000	2 800 000
丙地	1 200	780 000
合计	—	4 240 000

要求计算该企业购进该种原材料的平均价格。

解:购进原材料的平均价格为

$$H = \frac{\sum M}{\sum \frac{1}{X}M} = \frac{4\,240\,000}{\frac{660\,000}{890} + \frac{2\,800\,000}{1\,000} + \frac{780\,000}{1\,200}} \text{元} = 1\,011.55 \text{元}$$

由以上计算可知:【例 4-6】计算平均数时,缺少分子资料,即实际完成数未知,分母作权数,即运用计划任务数为权数"f",且采用加权算术平均数的方法;【例 4-7】计算平均数时,缺少分母资料时,即原材料购进量资料未知,分子作权数,即运用购进额作权数"M",且采用加权调和平均数的方法。

(三)几何平均数

几何平均数是用若干个(n 个)变量值连乘积开 n 次方根所算出的平均数,用 G 表示。几何平均数主要用于计算社会经济现象的平均比率或平均速度,是一种特殊的平均指标。它的计算方法也分为简单几何平均法和加权几何平均法两种。前者适用于未分组资料,后者适用于分组资料。

1. 简单几何平均法

设有 n 项变量值 $X_1, X_2, X_3, \cdots, X_n$,则简单几何平均数的计算公式为

$$G = \sqrt[n]{X_1 \cdot X_2 \cdot X_3 \cdot \cdots \cdot X_n} = \sqrt[n]{\prod X}$$

简单几何平均法适用于未分组资料,各单位变量值出现的次数都为一次(或相同)的情况。

【例 4-8】 某企业有四个连续作业的产品精加工车间,一季度的产品合格率分别为:第一车间 95%,第二车间 97%,第三车间 96%,第四车间 93%,要求计算四个车间的平均产品合格率。

解:由于该企业的产品生产是连续作业,即每个车间的生产都是以前面车间所生产的合

格品为基础而进行的深加工,其产品合格率也就是在前面车间的产品合格率的基础上计算的。所以各车间合格率的总和不等于全厂总合格率,四个车间的合格率的连乘积却等于总合格率。故需要用几何平均数法计算其平均数。

车间平均合格率 $=\sqrt[4]{X_1 \cdot X_2 \cdot X_3 \cdot X_4} = \sqrt[4]{95\% \cdot 97\% \cdot 96\% \cdot 93\%} = 95.24\%$

2. 加权几何平均法

当各个变量值出现的次数不相同时,计算几何平均数就要采用加权几何平均法。其公式为

$$G = \sqrt[f_1+f_2+f_3+\cdots f_n]{x_1^{f_1} \cdot x_2^{f_2} \cdot x_3^{f_3} \cdot \cdots \cdot x_n^{f_n}} = \sqrt[\sum f]{\prod X^f}$$

式中:f 为各变量值的权数;$\sum f$ 为总权数。

【例 4-9】 某银行用 5 000 万元进行 10 年期的投资,投资利率按复利计算,年利率情况是:第 1~2 年为 6.7%,第 3~6 年为 8.5%,第 7~9 年为 9.8%,第 10 年为 12.3%。要求计算该银行投资的年平均利率。

解:该银行投资的年平均本利率为

$$G = \sqrt[\sum f]{\prod X^f} = \sqrt[2+4+3+1]{106.7\%^2 \cdot 108.5\%^4 \cdot 109.8\%^3 \cdot 112.3\%^1} = 108.90\%$$

$$108.90\% - 100\% = 8.90\%$$

故该银行 10 年的投资平均利率为 8.90%。

3. 几何平均数与算术平均数、调和平均数的关系

将算术平均数、调和平均数和几何平均数统称为数值平均数,它们是所有变量值参加代数运算的结果,都要受到极端值大小的影响。算术平均数最容易受其影响,且受极大值的影响要大于受极小值的影响;调和平均数受极小值的影响要大于受极大值的影响;几何平均数受极端值的影响程度比前两者都小。因此,根据同一资料中对这三种平均数的计算,得到的结果存在如下关系:

$$\overline{X} > G > H$$

二、位置平均数

中位数、众数和四分位数是另一种类型的平均指标,都是根据变量值在总体中所处的位置而确定的平均数,故不受数列中极端值的影响,称之为位置平均数。

(一)中位数

将总体中的各个变量值按大小顺序排列,居于数列中间位置上的变量值即为中位数。用符号 M_e 表示。是反映频数分布集中趋势的一种位置平均数。

1. 中位数的计算

(1)对未分组资料计算中位数。如果资料未经分组,首先,要把变量值从小到大按顺序排列;其次,利用公式 $\dfrac{N+1}{2}$ 确定中位数的位置;最后,将和中位数位置相对应的变量值作为数列的中位数。当变量值的项数 N 为奇数时,处于中间位置的变量值即为中位数;当 N 为偶数时,中位数则是处于中间位置上的两个变量值的平均数。

【例 4-10】 表 4-6 为 2015 年 4 月甲、乙两个信用担保机构发放的贷款额资料。

表 4-6 2015 年 4 月甲乙两个信用担保机构发放的贷款额

组名	贷款额/万元
甲机构	300、330、365、387、421、430、468
乙机构	321、355、378、400、442、458、493、526

注：变量值已经过排序。

解：甲机构的中位数位置 $= \dfrac{7+1}{2} = 4$，$M_e = 387$ 万元。

乙机构的中位数位置 $= \dfrac{8+1}{2} = 4.5$，$M_e = \dfrac{400+442}{2}$ 万元 $= 421$ 万元。

(2) 对分组资料计算中位数。资料经分组后形成变量数列，有单项数列和组距数列。计算中位数的步骤是：首先算出变量数列的总频数或频率，其次用公式 $\dfrac{\sum f}{2}$ 确定中位数的位置即中位数组，最后计算中位数。

1) 由单项数列计算中位数。

【例 4-11】 根据【例 4-3】中的资料，计算某零件生产车间工人日产量的中位数。

中位数位置为

$$\dfrac{\sum f}{2} = \dfrac{24}{2} = 12$$

故中位数 $M_e = 7$。

2) 由组距数列计算中位数（以等距数列为例）。由组距式变量数列计算中位数时，计算中位数的步骤是：首先算出变量数列的总频数或频率，其次用公式 $\dfrac{\sum f}{2}$ 确定中位数的位置即中位数组，最后用比例法公式计算中位数的近似值。其计算公式为

下限公式：

$$M_e = L + \dfrac{\dfrac{\sum f}{2} - S_{m-1}}{f_m} \cdot d$$

上限公式：

$$M_e = U - \dfrac{\dfrac{\sum f}{2} - S_{m+1}}{f_m} \cdot d$$

式中：M_e 为中位数；L 为中位数组的下限；U 为中位数组的上限；d 为中位数组的组距；f_m 为中位数组的频数；S_{m-1} 为比中位数组低的各组累计频数；S_{m+1} 为比中位数组高的各组累计频数。

【例 4-12】 根据【例 4-4】中的资料，整理得到表 4-7。

第四章 数据分布特征的描述

表4-7 某企业职工月平均工资中位数计算表

工资(X)/元	职工数(f)/人	向上累计（从低到高）	向下累计（从高到低）
<3 000	12	12	80
3 000～4 000	20	32	68
4 000～5 000	40	72	48
5 000～6 000	8	80	8
合　计	80	—	—

要求计算该企业职工按月平均工资中位数。

解：由已知可得到，第三组为中位数组。$L=4\,000$，$U=5\,000$，$d=1\,000$，$f_m=40$，$S_{m-1}=32$，$S_{m+1}=8$，则

下限公式：$M_e = L + \dfrac{\dfrac{\sum f}{2} - S_{m-1}}{f_m} \cdot d = 4\,000 \text{元} + \dfrac{\dfrac{80}{2} - 32}{40} \text{人} \cdot 1\,000 \text{元} = 4\,200 \text{元}$。

上限公式：$M_e = U - L + \dfrac{\dfrac{\sum f}{2} - S_{m+1}}{f_m} \cdot d = 5\,000 \text{元} - \dfrac{\dfrac{80}{2} - 8}{40} \text{人} \cdot 1\,000 \text{元} = 4\,200 \text{元}$。

计算结果显示，对于用同一资料，使用上限公式和下限公式计算出的结果是相同的，即中位数为4 200元，以此数值代表该企业职工的月平均工资中等水平。

（二）众数

众数是指变量数列中出现次数最多的变量值，用符号M_0表示。是反映频数分布集中趋势的另一种位置平均数。

1．众数的计算

（1）由单项式变量数列计算众数。根据单项式变量数列确定众数时，哪一组的频数最多，则该组的变量值即为众数。

如果出现两个次数最多的变量值，可称为"复众数"。

（2）由组距式变量数列计算众数。由组距式变量数列计算众数时，首先要确定众数组，即将频数最多的变量值所在组作为众数组，然后利用上限公式或下限公式来计算众数值。计算公式为

下限公式：

$$M_0 = L + \dfrac{\Delta_1}{\Delta_1 + \Delta_2} \cdot d$$

上限公式：

$$M_0 = U - \dfrac{\Delta_2}{\Delta_1 + \Delta_2} \cdot d$$

式中：M_0为众数；L为众数组下限；U为众数组上限；Δ_1为众数组频数与前一组（比众数组低

的组)频数之差;Δ_2 为众数组频数与后一组(比众数组高的组)频数之差;d 为众数组组距。

【例 4-13】 根据【例 4-4】中的资料,整理得到表 4-8。

表 4-8　某企业职工月平均工资众数计算表

工资(X)/元	职工数(f)/人	计算要素
<3 000	12	第三组为众数组
3 000~4 000	20	$L=4\,000, U=5\,000, d=1\,000$
4 000~5 000	40	$\Delta_1 = 40 - 20 = 20$
5 000~6 000	8	$\Delta_2 = 40 - 8 = 32$
合计	80	—

解:根据表 4-8 资料计算众数,即

$$M_0 = L + \frac{\Delta_1}{\Delta_1 + \Delta_2} \cdot d = 4\,000\,\text{元} + \frac{40-20}{(40-20)+(40-8)}\,\text{人} \times 1\,000\,\text{元} = 4\,384.62\,\text{元}$$

$$M_0 = U - \frac{\Delta_2}{\Delta_1 + \Delta_2} \cdot d = 5\,000\,\text{元} - \frac{40-8}{(40-20)+(40-8)}\,\text{人} \times 1\,000\,\text{元} = 4\,384.62\,\text{元}$$

计算结果显示,对于同一资料,使用上限公式和下限公式计算出的结果是相同的,即众数为 4 384.62 元,以此数值代表该企业大多数职工的月平均工资水平。

2.算术平均数、中位数和众数之间的关系

算术平均数、中位数和众数都是反映总体分布集中趋势的指标,它们之间的关系是由总体内频数分布的状态所决定的。

当频数分布为对称分布时,$\overline{X} = M_e = M_0$,[见图 4-1(a)]。

当频数分布为右偏态分布时,$\overline{X} M_e M_0$[见图 4-1(b)]。

当频数分布为左偏态分布时,$\overline{X} M_e M_0$[见图 4-1(c)]。

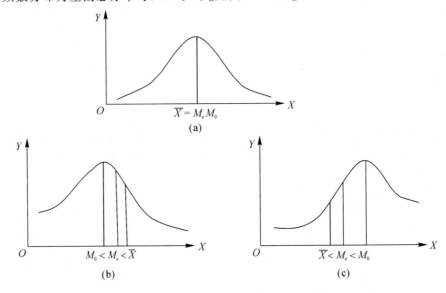

图 4-1　不同分布的众数、中位数和均值

(a)对称分布;(b)右偏分布;(c)左偏分布

根据表 4-2、表 4-7 和表 4-8 资料计算得 $\overline{X} = 4\,050$ 元,$M_e = 4\,200$ 元,$M_0 = 4\,384.62$ 元,则 $\overline{X} < M_e < M_0$。

因此,该企业职工月平均工资变量数列的分布为偏态分布,呈左偏分布。

根据经验,在偏态分布情况下,三种平均数之间存在如下的近似数量关系:

$$M_0 = 3M_e - 2\overline{X}$$

(三)四分位数

把所有数值由小到大排列并分成四等份,处于三个分割点位置的数值就是四分位数。四分位数有 3 个,分别是位于排序数据的 1/4、2/4、3/4 位置上的数值。可以看出,中位数就是中间的四分位数,通常所说的四分位数是指处在 25% 位置上的数值(下四分位数)和处于 75% 位置上的数值(上四分位数),分别用符号 Q_L、Q_U 表示。四分位数计算方法分为以下两种。

1. 对未分组或单项式分组资料计算四分位数

第一步,对数据进行排序,确定四分位数所处的位置。位置计算公式为

$$Q_L \text{ 位置} = \frac{N+1}{4}$$

$$Q_U \text{ 位置} = \frac{3(N+1)}{4}$$

式中:N 为数据的个数。

第二步,根据所确定的位置,计算相对应的四分位数。

【例 4-14】 随机调查某大学 8 位学生月生活费用,数据如下:

$$700、680、800、1\,000、850、770、900、690$$

试计算四分位数。

解:将数据从小到达排列,即

排序:	680	690	700	770	800	850	900	1 000
位置:	1	2	3	4	5	6	7	8

Q_L 位置:$\frac{N+1}{4} = 2.25$

$$Q_L = 690 + (2.25 - 2) \times (700 - 690) = 692.5$$

Q_U 位置:$\frac{3(N+1)}{4} = 6.75$

$$Q_U = 850 + (6.75 - 6) \times (900 - 850) = 887.5$$

2. 根据组距式分组数据计算四分位数

根据组距式分组数据计算四分位数与中位数计算相类似。首先对数据进行排列,其次确定四分位数所在的位置(即四分位数组),最后用比例法公式计算四分位数的近似值。公式为

$$Q_L = L + \frac{\frac{\sum f}{4} - S_{Q_L - 1}}{f_{Q_L}} \cdot d \qquad Q_U = U + \frac{\frac{3\sum f}{4} - S_{Q_U - 1}}{f Q_U} \cdot d$$

式中：L_1、L_3 为下四分数和上四分位数所在组的下限；$\sum f$ 为总频数；S_{Q_L-1}、S_{Q_U-1} 为比四分位数组低的累计频数；fQ_L、fQ_U 为四分位数所在组的频数；d 为组距。

【例 4-15】 根据【例 4-4】中的资料，整理得到表 4-9。

表 4-9　某企业职工月平均工资中位数计算表

工资(X)/元	职工数(f)/人	向上累计 （从低到高）	向下累计 （从高到低）
<3 000	12	12	80
3 000~4 000	20	32	68
4 000~5 000	40	72	48
5 000~6 000	8	80	8
合计	80	—	—

要求计算该企业职工工资的四分位数。

解：首先根据公式，Q_L 位置 $=\dfrac{\sum f}{4}=20$，Q_U 位置 $=\dfrac{3\sum f}{4}=60$，从向上累计来看，Q_L 位置应该在 3 000～4 000 这组，Q_U 位置应在 4 000～5 000 这组，与计算中位数相类似。

下四分位数

$$Q_L = L_1 + \frac{\dfrac{\sum f}{4} - S_{Q_L-1}}{fQ_L} \cdot d = 3\,000 + \frac{\dfrac{80}{4} - 12}{20} \cdot 1\,000 \text{元} = 3\,400 \text{元}$$

上四分位数

$$Q_U = L_3 + \frac{\dfrac{3\sum f}{4} - S_{Q_U-1}}{fQ_U} \cdot d = 4\,000 + \frac{\dfrac{80}{4} \times 3 - 32}{40} \cdot 1\,000 \text{元} = 4\,700 \text{元}$$

三、应用平均指标应该注意的问题

(一)注意平均指标是对同质总体计算的均值

同质性是指各个单位的性质必须是相同的，这是计算平均指标的基本原则。如果根据不同性质总体的数据资料计算平均指标，就会掩盖事物的本质差别，得到的平均数是虚构的平均数，不能真正反映总体的一般水平，也缺乏应有的代表性。例如：研究身高时，要针对男、女的身高分别计算；研究平均价格时，应分别就同类的商品或产品来计算，不能将钢材价格、棉布价格、蔬菜价格等混在一起计算平均价格等。

(二)注意用组平均数说明总体平均数

总平均数只能反映总体的一般水平，却掩盖了各组之间的差异。因此，为了能够更为全面地反映总体特征，应用组平均数补充说明总平均数，分析平均数变动的原因，以及反映总体平均数代表水平。

由表 4-10 可知,基期平均工资为 3 240 元[(162 万元/(500 人)],报告期平均工资为 3 150 元[189 万元/(600 人)],如果只是观察总体平均数,那么可以得出工资水平下降了,而实际情况并不是这样,无论生产人员还是管理人员每组平均工资实际上却是增加了。造成这种现象的原因是两组工人的工资水平不同,且在总体中占的比例也不相同,所以在具体分析某一现象平均水平的变动时,注意要用组平均值来补充说明总体平均数。

表 4-10 某公司工资情况

按工资分组	基期			报告期		
	工人人数/人	工资总额/万元	平均工资 元/人	工人人数/人	工资总额/万元	平均工资 元/人
生产人员	300	72	2 400	400	98	2 450
管理人员	200	90	4 500	200	91	4 550
合计	500	162	—	600	189	—

(三)要注意多种平均数的结合运用

一般来说,算术平均值是最常用的反映经济现象一般水平的指标,它包括总体变量的所有数值,适用范围比较广,最容易被人们所理解。但若变量中有极端值时,算术平均值会受到影响,代表性较差。调和平均数通常被认为是算术平均数的变形,它与算术平均数一样,容易受极端值影响,当总体单位中有 0 出现时,调和平均数就会无法计算。几何平均数受极端数值的影响比算术平均数、调和均数要小得多,但如果一组数据中,有一数值为 0,则无论其他数值如何,几何平均数都为零,因此,不能计算几何平均数。中位数、众数和四分位数是位置平均数,在有极端值的情况下,不受极端值的影响,会比数值平均数更具有代表性。

在无法确定哪个平均数更有代表性时,可考虑给出多种平均数的计算结果,并进行比较,从而更客观、更全面地反映真实情况。例如,国家统计局公布居民收入时,给出了算术平均收入、中位收入,其公布资料如下:根据城乡一体化住户调查,2015 年一季度全国居民人均可支配收入 6 087 元,中位数 5 216 元;按常住地分,城镇居民人均可支配收入 8 572 元、农村居民人均可支配收入 3 279 元。2 月末,农村外出务工劳动力总量 16 331 万人,同比减少 602 万人,下降 3.6%。外出务工劳动力月均收入 3 000 元,同比增长 11.9%。

第二节 数据分布离散程度的测定

集中趋势是一个说明总体各个体变量值的代表值,其代表性如何,决定于被平均变量值之间的变异程度。在统计中,把反映现象总体中各个体的变量值之间差异程度的指标称为离散程度。反映离散程度的指标有绝对数的和相对数两类。

一、离散程度的绝对指标

(一)全距

全距是表明总体各单位标志数值变动范围的指标,它是统计数列中两个极端数值之差,故又称极差,用 R 表示。

1. 未分组数列计算全距

其计算公式为

$$全距 = 最大标志值 - 最小标志值$$

$$R = X_{\max} - X_{\min}$$

式中:$X_{\max}$ 为最大标志值;$X_{\min}$ 为最小标志值。

【例 4-16】 某公司两个部门职工某月工资(单位:元)如下。

甲部门:1 800、1 950、2 000、2 100、2 150;

乙部门:1 900、1 950、2 000、2 050、2 100。

甲组:$R = 2\,150$ 元 $- 1\,800$ 元 $= 350$ 元;

乙组:$R = 2\,100$ 元 $- 1\,900$ 元 $= 200$ 元。

由此可见,虽然甲、乙两个部门职工的月平均工资相同,都是 2 000 元,但两个部门职工月平均工资的变动范围不同。甲部门为 350 元,乙部门为 200 元。这说明甲部门职工月平均工资的变动程度大于乙部门。因而,甲部门职工月平均工资的代表性小于乙部门。

2. 分组数列计算全距

组距分配数列,则全距的计算公式为

$$全距 = 最高组上限 - 最低组下限$$

$$R = U_{\max} - L_{\min}$$

式中:$U_{\max}$ 为最高一组的上限;$L_{\min}$ 为最低一组的下限。

【例 4-17】 某企业模具车间工人 10 月份某产品日产量分组资料,见表 4-11。

表 4-11 某企业模具车间工人日产量情况

按日产量分组/件	工人数/人
20~30	5
30~40	7
40~50	12
50~60	4
60~70	2
合 计	30

解:根据表 6-2 可得,$R = 70$ 件 $- 20$ 件 $= 50$ 件。

全距是测定标志变动程度的一种粗略方法,它计算简便,容易理解。在实际工作中,全距常用于检查产品质量,使得产品的质量控制在两极范围内。

全距的缺点是计算过于简单,其大小直接决定标志的两个极端数值,不考虑总体内部其它标志值的差异状况,为了较为全面地测量变异性,需要运用平均差、标准差等其他方法测度标志值的离散程度。

(二)平均差

平均差是表明总体各单位数量标志值平均变动程度的指标,它是各个标志值与其算术平均数的平均离差。由于各个标志值对算术平均数的离差总和恒等于0,即$\sum(X-\overline{X})=0$,因此各项离差的平均数也恒等于0。为此,在计算平均差时,采取离差的绝对值,即$|X-\overline{X}|$。

计算平均差,根据所掌握的资料不同,可以采用两种形式:简单平均式与加权平均式。

1. 简单平均式

对未分组资料计算平均差,采用简单平均式公式

$$A \cdot D = \frac{\sum|X-\overline{X}|}{N}$$

式中:$A \cdot D$为平均差;N为总体单位数。

【例4-18】 以【例4-16】为例,说明平均差计算方法的应用,见表4-12。

表4-12 平均差计算表

甲组/元			乙组/元		
工资 X	离差 $X-\overline{X}$	离差绝对值 $|X-\overline{X}|$	工资 X	离差 $X-\overline{X}$	离差绝对值 $|X-\overline{X}|$
1 800	−200	200	1 900	−100	100
1 950	−50	50	1 950	−50	50
2 000	0	0	2 000	0	0
2 100	100	100	2 050	50	50
2 150	150	150	2 100	100	100
合计	—	500	合计	—	300

解:

甲部门:$A \cdot D = \dfrac{\sum|X-\overline{X}|}{N} = \dfrac{500}{5}元 = 100元$;

乙部门:$A \cdot D = \dfrac{\sum|X-\overline{X}|}{N} = \dfrac{300}{5}元 = 60元$。

计算结果表明:甲部门每个职工的工资与其平均工资相差100元;乙部门每个职工的工资与其平均工资相差60元。在两个部门平均工资相等的条件下($\overline{X}=2\,000$元),甲部门职工工资的变动程度大于乙部门职工工资的变动程度。因此,甲部门职工工资平均数的代表性小于乙部门。

2.加权平均式

对分组资料计算平均差,应采用加权平均式公式,即

$$A \cdot D = \frac{\sum |X - \overline{X}| f}{\sum f}$$

加权平均式与简单平均式分析原理相同,只是计算略为复杂而已。

【例 4-19】 以表 4-13 为例,计算某企业模具车间工人日产量的平均差。

表 4-13 某企业模具车间工人日产量平均差计算表

按工人日产量分组/件	组中值(X)/件	工人数(f)/人	总产量(Xf)	离差($X-\overline{X}$)	离差绝对值($|X-\overline{X}|$)	总离差绝对值($|X-\overline{X}|f$)
20~30	25	5	125	−17	17	85
30~40	35	7	245	−7	7	49
40~50	45	12	540	3	3	36
50~60	55	4	220	13	13	52
60~70	65	2	130	23	23	46
合计	—	30	1 260	—	—	268

解:

$$\overline{X} = \frac{\sum X \cdot f}{\sum f} = 42 \text{ 件}$$

$$A \cdot D = \frac{\sum |X - \overline{X}| f}{\sum f} = \frac{268}{30} \text{ 件} \approx 8.93 \text{ 件}$$

以上计算结果说明,该车间每个工人的日产量与平均日产量之间相差 8.93 件。

(三)标准差

1.标准差的基本概念

标准差是测定标志变异程度最常用的综合指标。由于是方差的二次方根,又称均方差。方差是各单位标志值与其算术平均数离差二次方的平均数,用 σ 表示。

它的含义与平均差基本相同,也是各个标志值与其算术平均数的平均离差,但在数学处理上有所不同。平均差是利用绝对值来消除离差的正负影响,标准差是利用二次方的方法来消除离差的正负影响。

2.标准差的计算

标准差的计算也分简单平均式与加权平均式两种形式。

(1)简单平均式。

根据未分组资料计算标准差时,采用简单平均式。其公式为

$$\sigma = \sqrt{\frac{\sum (X - \overline{X})^2}{N}}$$

(2)加权平均式。根据分组资料计算标准差时,要采用加权平均式。其公式为

$$\sigma = \sqrt{\frac{\sum (X-\overline{X})^2 f}{\sum f}}$$

【例 4-20】 抽样调查 2014 年西部某地区居民网络购物年消费金额,资料见表 4-14,要求计算标准差。

表 4-14　西部某地区居民网络购物年消费金额情况

年网购金额/元	人数(f)	组中值(X)	$X-\overline{X}$	$(X-\overline{X})^2 f$
<500	71	250	−808.66	46 429 100.69
500~1 000	157	750	−308.66	14 957 546.31
1 000~1 500	100	1250	191.34	3 661 099.56
1 500~2 000	91	1 750	691.34	43 493 540.60
≥2 000	20	2 250	1 191.34	28 385 819.91
合计	439	1 058.66	0	136 927 107.07

解:标准差为

$$\sigma = \sqrt{\frac{\sum (X-\overline{X})^2 f}{\sum f}} = \sqrt{\frac{136\ 927\ 107.07}{439}} = 558.49$$

从标准差计算结果来看,单位标志值之间的差异比较大,说明平均数代表性比较低。同时,也可看出该地区消费者开始接受网购这一新型的消费方式,不过消费过程还处于较为保守的阶段,表现为网购金额偏低,平均值只有 1 058.66 元,只有不到 4.56% 的消费者 2014 年网购消费金额超过了 2 000 元。

(四)是非标志的平均数及标准差

在社会经济统计中,有时把某种社会经济现象的全部总体单位,分为具有某一标志值的单位和不具有某一标志值的单位两组。例如:将全部产品分为合格品和不合格品两组;将全部耕地分为稳定高产田和非稳产高产田两组;人口按性别分为男性和女性两组等。这种用"是""否"或"有""无"来表示的标志,叫是非标志,或称交替标志。

是非标志的标志值:通常是用文字来表示的,即具有所研究的标志值,用文字表示为"是"或"有";不具有所研究的标志值,用文字表示为"非"或"无"。为了计算平均数和标准差,必须把它们数量化,"是"或"有"用 1 来表示;"非"或"无"或用 0 来表示。

是非标志的平均数为

$$\overline{X} = \frac{\sum X \cdot f}{\sum f} = \frac{P}{1} = P$$

是非标志的标准差为

$$\sigma = \sqrt{\frac{\sum (X-\overline{X})^2 \cdot f}{\sum f}} = \sqrt{\frac{(1-P)^2 P + (0-P)^2 (1-P)}{P + (1-P)}}$$

$$=\sqrt{\frac{(1-P)^2 P + P^2(1-P)}{1}} = \sqrt{P(1-P)}$$

表 4−15 是非标志的平均数及标准差计算表

是非标志值 （变量值）	单位数 （成数）	变量值 ×权数	离差	离差平方	离差平方 ×权数
X	f	$X \cdot f$	$X - \overline{X}$	$(X - \overline{X})^2$	$(X - \overline{X})^2 \cdot f$
1	P	P	$1-P$	$(1-P)^2$	$(1-P)^2 P$
0	$1-P$	0	$0-P$	$(0-P)^2$	$(0-P)^2(1-P)$
合 计	1	P	—	—	$(1-P)^2 P + (0-P)^2(1-P)$

【例 4−21】 某工厂生产甲产品的合格率为 95%，试计算该产品合格率的标准差。

解：该产品合格率的标准差为

$$\sigma = \sqrt{P(1-P)} \times 100\% = \sqrt{0.95 \times 0.05} \times 100\%$$
$$= \sqrt{0.0475} \times 100\% = 21.79\%$$

二、离散程度的相对指标

全距、平均差和标准差都是反映标志变动程度的绝对指标，它采用与标志值相同的计量单位，并且要求两个变量数列的平均水平相同，才能用于检验平均数的代表性大小。对于具有不同平均水平和不同计量单位的数列，就要用标志变异系数检验标志值差异的程度及平均数的代表性大小。

将全距、平均差、标准差分别与其相应的平均数对比，所得到的离散系数，称为全距系数、平均差系数和标准差系数，在这里统称其为离散系数。

全距系数：

$$v_R = \frac{R}{\overline{X}} \times 100\%$$

平均差系数：

$$v_{A \cdot D} = \frac{A \cdot D}{\overline{X}} \times 100\%$$

标准差系数：

$$v_\sigma = \frac{\sigma}{\overline{X}} \times 100\%$$

【例 4−22】 某省统计局调查 2014 年 4 类企业工人劳动生产率，得到的资料见表 4−16。

第四章 数据分布特征的描述

表 4-16 不同所有制企业工人劳动生产率比较

企业类型	劳动生产率/万元 $\overline{X}$	标准差/万元 σ	标准差系数/% $V_\sigma = \frac{\sigma}{\overline{X}} \times 100\%$
外资企业	62.15	13.34	21.46
私有企业	45.88	10.60	23.10
国有企业	81.03	21.33	26.32
公众企业	56.30	16.86	29.95

由表 4-16 可知：

(1)根据所计算的四类企业工人劳动生产率标准差数据大小而言：国有企业的劳动生产率最大，为 81.03 万元；次之是外资企业，为 62.15 万元；公众企业第三，为 56.30 万元；私有企业最小，为 45.88 万元。但不能由此就认为国有企业劳动生产率的变动程度最大，私有企业变动率最小。这是因为，不同类型企业的工人劳动生产率水平不相同，所以不能仅用标准差数值的大小断定各类企业劳动生产率水平变动程度的高低。

(2)只有利用标准差系数，才能说明四类企业工人劳动生产率的离散程度大小，因为它消除了不同数列平均水平所产生的影响。本例中的标准差系数表明：公众企业的标准差系数最大，为 29.95%；次之是国有企业，为 26.32%；私有企业第三，为 23.10%；外资企业最小，为 21.46%。可见，四类企业工人平均劳动生产率的代表性高低顺序为：外资企业、私有企业、国有企业、公众企业。

第三节 数据分布偏态及峰度的测定

集中趋势和离散程度是数据分布的两个重要特征，但要想全面了解数据分布的特点，还需要掌握数据分布的形状是否对称、偏斜的程度以及扁平程度等。反映这些分布特征的测度值是偏态和峰度。

一、偏态的测度

变量数列的钟形分布有对称分布和非对称分布，非对称分布包括左偏态分布和右偏态分布。为了准确地测定非对称分布的偏斜程度，用偏态系数表示。这里介绍皮尔逊偏态系数测定法和中心距偏态系数测定法。

1. 皮尔逊偏态系数测定法

此方法是利用算术平均数与众数或中位数的离差来测定偏态的。其计算公式为

$$偏态 = \overline{X} - M_0$$

当 $\overline{X} - M_0 > 0$ 时，称为正偏态（或右偏态）；当 $(\overline{X} - M_0) < 0$，称为负偏态（或左偏态）；当 $\overline{X} = M_0$ 时，为对称分布。偏态的绝对数用原来变量数列的计量单位表示。

为了比较不同性质的变量数列频数分布的非对称程度，需要消除计量单位的影响，用标

准差去除偏态,得到表示偏斜的程度的相对数,叫偏态系数或偏斜度,用 SK 表示。计算公式为

$$SK = \frac{\overline{X} - M_0}{\sigma}$$

根据皮尔逊经验公式 $M_0 = 3M_e - 2\overline{X}$,整理得到

$$SK = \frac{3(\overline{X} - M_e)}{\sigma}$$

SK 的取值在 −3～3 之间。SK＝0,表示对称分布;SK＝3,表示极端的右偏态分布;SK＝−3,表示极端的左偏态分布。

【例 4-23】 表 4-17 为某市某年城市住户的书报支出情况。

表 4-17 某市某年城市住户书报支出情况

按支出额分组(X)/元	调查户数(f)/户	组中值($\overline{X}$)	$(X-\overline{X})^2$	$(X-\overline{X})^2 f$
＜150	40	135	6 707.61	268 304.40
150～180	90	165	2 693.61	242 424.90
180～210	110	195	479.61	52 757.10
210～240	105	225	65.61	6 889.05
240～270	70	255	1 451.61	101 612.70
270～300	50	285	4 637.61	231 880.50
＞300	35	315	9 623.61	336 826.35
合计	500	—	—	1 204 695.00

解:根据表 4-17 计算可得

$$\overline{X} = 216.9 \text{ 元}$$

$$M_0 = 204 \text{ 元}$$

$$\sigma = \sqrt{\frac{\sum (X-\overline{X})^2 f}{\sum f}} = \sqrt{\frac{1\,240\,695.00}{500}} \text{ 元} = \sqrt{2\,481.39} \text{ 元} = 49.81 \text{ 元}$$

$$SK = \frac{\overline{X} - M_0}{\sigma} = \frac{216.9 - 204}{49.81} = 0.26$$

计算结果表明,该市 500 户居民在该年的书报支出额频数分布呈右偏态,偏度系数为 0.26。如果计算得到历年的偏度系数和各地区的偏度系数,便可进行纵向的比较,对居民书报支出额分布的变化和地区特点做出说明。

2. 中心距偏态系数测定法

中心矩是指各单位变量值与平均数离差的 K 次方的平均数,也称为中心动差。其计算公式为

第四章 数据分布特征的描述

$$m_K = \frac{\sum (X-\overline{X})^K f}{\sum f}$$

当 $k=1$ 时，$m_1 = \dfrac{\sum (X-\overline{X})f}{\sum f}$，称为一阶中心动差；当 $k=2$ 时，$m_2 = \dfrac{\sum (X-\overline{X})^2 f}{\sum f}$，称为二阶中心动差；当 $k=3$ 时，$m_3 = \dfrac{\sum (X-\overline{X})^3 f}{\sum f}$，称为三阶中心动差；当 $k=4$ 时，$m_4 = \dfrac{\sum (X-\overline{X})^4 f}{\sum f}$，称为四阶中心动差。

中心矩偏态系数是用三阶中心动差 m_3 除以标准差的三次方计算的，用 α_3 表示，计算公式为

$$\alpha_3 = \frac{m_3}{\sigma^3}$$

当 $\alpha_3 = 0$ 时，频数为对称分布，说明各单位变量值与算术平均数离差三次方后正负值相互抵消；当 $\alpha_3 > 0$ 时，频数为右偏分布，α_3 值越大，右偏斜的程度愈高。这说明小于算术平均数的数据的次数比大于算术平均数的数据的次数多；当 $\alpha_3 < 0$ 时，为左偏分布，α_3 值越小，左偏斜的程度愈高。这说明大于算术平均数的数据的次数比小于算术平均数的数据的次数多。

【例 4-24】 根据表 6-8 资料计算偏态系数，得到表 4-18。

表 4-18　某市某年城市住户书报支出额情况

按支出额分组(X) 元	调查户数(f) 户	组中值 ($\overline{X}$)	$(X-\overline{X})^3 f$	$(X-\overline{X})^4 f$
<150	40	135	−21 974 130.36	1 799 681 276.48
150～180	90	165	−12 581 852.31	652 998 134.89
180～210	110	195	−1 155 380.49	25 302 832.73
210～240	105	225	55 801.30	451 990.57
240～270	70	255	3 871 443.87	147 502 011.45
270～300	50	285	15 791 062.05	1 075 371 325.61
≥300	35	315	33 042 664.94	3 241 485 430.12
合计	500	—	17 049 609.00	6 942 793 001.85

解： $\overline{X} = 216.9$ 元

$$m_3 = \frac{\sum (X-\overline{X})^3 f}{\sum f} = \frac{17\ 049\ 609.00}{500} \text{元} = 34\ 099.22 \text{元}$$

$$\sigma = \sqrt{\frac{\sum (X - \overline{X})^2 f}{\sum f}} = \sqrt{\frac{1\,240\,695.00}{500}} \text{元} = \sqrt{2\,481.39} \text{元} = 49.81 \text{元}$$

$$\sigma^3 = 49.81^3 = 123\,580.41 \text{元}$$

$$\alpha_3 = \frac{m_3}{\sigma^3} \approx 0.28$$

从计算结果可以看出，$\alpha_3 = 0.28$，为正值，表示正、负离差不能抵消。城市住户书报支出额较少的家庭占据多数，而支出较高的家庭则占少数，可以判断为右偏。

二、峰度的测定

峰度是测度频数分布曲线顶端尖峭程度的方法。要将数列的分布曲线与正态分布曲线相比较，说明其尖峭的状态，常用峰度系数 α_4 表示。峰度系数等于四阶中心距除以标准差的四次方得到。其计算公式为

$$\alpha_4 = \frac{m_4}{\sigma^4}$$

当 $\alpha_4 = 3$ 时，为正态分布曲线；当 $\alpha_4 < 3$ 时，为平顶分布曲线；当 $\alpha_4 > 3$ 时，为尖顶分布曲线。当 α_4 数值比 3 小得越多，曲线顶端越平坦；当 α_4 接近于 1.8 时，次数分布曲线趋向一条水平线；当 α_4 小于 1.8 以下时，次数分布曲线呈 U 形分布；当 α_4 数值比 3 大得越多时，次数分布曲线的顶端越尖峭。

尖顶分布、正态分布、平顶分布图如图 4-2 所示。尖顶分布与正态分布相比较，数据分布更为集中，离散程度更小，曲线较正态分布更为陡峭；而平顶分布集中趋势不显著，离散程度较大，曲线较正态分布更为平缓。

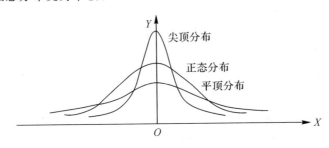

图 4-2 峰度不同的分布图形

【例 4-25】 根据表 4-18 的计算资料，某市某年城市住户的书报支出额的偏态系数为

$$m_4 = \frac{\sum (X - \overline{X})^4 f}{\sum f} = \frac{6\,942\,793\,001.85}{500} \text{元} = 13\,885\,586.00 \text{元}$$

$$\sigma^4 = 49.81^4 = 6\,155\,540.13 \text{元}$$

$$\alpha_4 = \frac{m_4}{\sigma^4} = \frac{13\,885\,586.00}{6\,155\,540.13} = 2.26$$

计算结果表明，该市本年住户书报支出额频数分布曲线为平顶分布曲线，比正态分布曲线更为平滑一些。

第四章 数据分布特征的描述

重点和难点

(一)数据分布集中趋势的测定

重点:算术平均数的含义及性质;调和平均数的含义;几何平均数的计算;中位数、众数、四分位数的概念。

难点:用平均数分析具体问题。

(二)数据分布离散程度的测定

重点:标准差的计算。

难点:会用各离散指标进行相关分析。

(三)数据分布偏态及峰度的测定

难点:偏态及峰度的测定。

同步综合练习

一、思考题

1. 为什么说平均数指标反映了总体分布的集中趋势?
2. 什么是权数?权数的意义是什么?如何选择权数?
3. 算术平均数的分子和分母之间存在什么关系?
4. 简单算术平均数和加权算术平均数之间存在什么关系?
5. 算术平均数与调和平均数的计算条件有何不同?
6. 平均指标与强度指标有何区别?
7. 什么是几何平均数?在什么条件下适用几何平均法来计算平均指标?
8. 什么是中位数?什么是众数?各自的适用条件是什么?
9. 什么是四分位数?它有何计算意义?
10. 算术平均数有哪些数学性质?
11. 什么是变异指标?标志变异指标的作用是什么?
12. 测量离散程度的绝对指标和相对指标分别有哪些?它们在应用上有何区别?
13. 什么是标准差系数?计算它有何意义?
14. 平均差和标准差有何不同?
15. 什么是偏度和峰度?如何测定偏度和峰度?

二、计算题

1. 已知某社区20名退休老人的年龄如下:

　　　　81、55、67、77、78、60、72、61、77、62

　　　　60、73、70、60、86、69、59、80、59、83

试计算该社区退休老人年龄的算术平均数和中位数。

2. 某位学生的统计学原理的几次平时测验成绩分别为：93、96、20、90、91、93、92。若采用算术平均数计算其平均成绩为 82 分，为良好；若用中位数计算其平均成绩为 92 分，为优秀，你会采用哪个结果来评价该学生平时的学习情况？为什么？

3. 某厂对三个车间月生产情况分析如下：第一车间实际产量为 200 件，完成计划 100%；第二车间实际产量 250 件，完成计划 95%；第三车间实际产量 330 件，完成计划 110%。三个车间产品产量的平均计划完成程度为：$\frac{100\%+95\%+105\%}{3}=100\%$。另外，一车间产品单位成本为 15 元/件，二车间产品单位成本为 12 元/件，三车间产品单位成本为 18 元/件，则三个车间平均单位成本为 $\frac{15+12+18}{3}$ 元 = 15 元。以上平均指标的计算是否正确？如不正确请说明理由并改正。

4. 某企业两个生产车间的产量和成本资料见表 4-19。

表 4-19　某企业两个生产车间的产量和成本情况

车间	2013 年		2014 年	
	产量/t	单位成本/元	单位成本/元	总成本/万元
甲	1 450	650	645	100
乙	1 880	760	750	140

要求：

(1) 分别计算 2013 年和 2014 年甲、乙两车间的平均单位成本。

(2) 分析甲、乙两车间的平均单位成本的变动情况。

(3) 计算该公司 2013 年和 2014 年的平均单位成本，分析其变动情况并说明原因。

5. 某公司所属 10 个企业资金利润率分组资料见表 4-20。

表 4-20　某公司所属 10 个企业资金利润率情况

资金利润率/%	企业数/个	利润总额/万元
10	3	5
15	4	15
20	3	30

要求计算该公司 10 个企业的平均利润率。

6. 某地区私营企业注册资金分组资料见表 4-21。

表 4-21　某地区私营企业注册资金情况

注册资金/万元	<50	50~100	100~150	150~200	200~250	≥250
企业数/个	15	35	45	28	15	5

要求计算:该地区私营企业注册资金的平均数、中位数和众数。

7. 股民小李购买某只股票的情形如下:

(1) 在 31 元、20 元、15 元的价格下,各购买了 2 000 股、3 000 股、5 000 股。

(2) 在 31 元、20 元、5 元的价格下,各购买了 96 000 元、30 000 元 和 75 000 元。

要求:根据上述资料计算小李所购买该支的平均购买价格。

8. 某企业 7 个车间生产同一种产品,某种原材料单耗水平资料见表 4-22。

表 4-22 某企业车间材料单耗水平情况

按原材料单耗水平分组 公斤/件	车间数/个	各组原材料消耗量在总消耗量中占到的比重/%
4~5	2	32
5~7	4	57
7~10	1	11

要求计算:该企业 7 个车间原材料单耗水平的平均数。

9. 某投资公司用 8 000 万元进行 10 年期的投资,利率情况是:第 1~2 年为 7.4%,第 3~7 年为 8.5%,第 8~10 年为 9.3%。

要求计算:

(1) 单利条件下的投资平均利率及 10 年末资金的本利和为多少?

(2) 复利条件下的投资平均利率及 10 年末资金的本利和为多少?

10. 某外贸公司 3 个部门的出口合同履约率资料见表 4-23。

表 4-23 某外贸公司部门的出口合同履约率情况

部门	合同履约率/%	实际交货金额/万美元
1	96	637
2	100	805
3	99	719

要求计算:该外贸公司三个部门出口合同的平均履约率。

11. 观察图 4-3,回答问题:

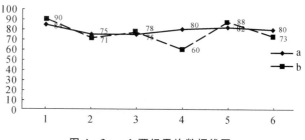

图 4-3 a、b 两组平均数据线图

(1)哪组数据的极差较大?
(2)哪组数据的方差较大?

12. 某大学会计专业有30名教职工,其年龄(周岁)如下:

55	58	54	57	53	55	51	38	33	33
44	29	22	23	23	24	23	25	23	40
42	36	36	35	28	25	38	35	42	35

要求:

(1)把职工按年龄分为组数为4、组距为10的等距数列,并作出频数分布直方图。
(2)根据分组资料,计算教职工年龄的算术平均数、中位数、众数、方差、标准差。

13. 华宇、富乐公司是某大型工业企业的两家供货商。该大型工业企业要求10个工作日提供货物,表4-24是两家供货商交付定货时间的历史数据。你认为该大型工业企业应选择哪家供货商供货?为什么?

表4-24 某大型工业企业的供货商交付定货时间情况

华宇公司		富乐公司	
交货天数	次数	交货天数	次数
9	3	7	1
10	9	8	2
11	2	9	3
		10	4
		11	3
		12	2
		13	1

14. A、B两个商场2014年平均每天的销售额分别为16万元和8万元,它们的标准差各为3 200元和2 400元,要求计算并说明哪个商场的销售额变化较为稳定?

15. 某产品有三种生产工艺,试验期的原材料消耗水平见表4-25。

表4-25 某产品试验期的原材料消耗水平

试产日期	工艺1	工艺2	工艺3
1日	160	135	132
2日	165	133	127
3日	170	126	124
4日	159	123	130
5日	168	130	126

根据上述试验资料回答问题:

(1)你准备采用什么方法评价这三种生产工艺的优劣？
(2)如果让你选择一种生产工艺,你准备采用哪种工艺生产产品？为什么？

16. 表4-26是从某保险公司随机各抽出20份财产保险和健康保险的投保资料：

表4-26 某保险公司财产保险和保险健康险的投保情况

按投保额分组/元	投保人数/人	
	财产保险	健康保险
<1 300	4	3
1 300~1 500	7	4
1 500~1 700	5	8
≥1 700	3	6

要求：
(1)分别计算两个险种的平均投保额。
(2)分别计算两个险种的投保额标准差。
(3)比较说明两个险种平均投保额的代表性大小。

第五章　抽样推断

在学习本章后,学生应能够熟练掌握抽样推断的含义、特点、常用的抽样方法、抽样分布的概念,样本平均数、比率、方差的抽样分布形式、抽样误差的概念、抽样平均误差、抽样极限误差、样本容量的确定、点估计的含义,了解常用的抽样方法的特点、抽样分布的理论基础及表现形式,抽样分布的特征、区间估计的含义、置信水平等知识点。

在掌握研究总体的全部数据时,可以利用前几章介绍的描述性统计分析方法,研究总体特征及规律。但在现实情况中,很多时候不可能或者不必要对总体中的每个单位都进行测定,只需要从总体中随机抽取一部分单位构成样本,从样本的观察或实验结果来对总体特征进行估计或推断,这就是推断性统计分析方法。推断性分析方法研究的问题分为参数估计和假设检验两类。参数估计是先对总体特征做出某种假设,然后利用样本提供的信息来判断假设是否成立,以便做出接受或者拒绝的决策,通过对随机样本的观察,用样本统计量来推断总体参数;假设检验是。本章介绍参数估计,第八章介绍假设检验。

第一节　抽样推断概述

一、抽样推断的含义

抽样推断又叫推断统计或统计抽样,是指遵守随机原则,从被研究现象总体中抽取一部分单位进行观察,根据所计算的样本统计量,对总体参数做出具有一定可靠性的判断或估计的方法。这是一种运用非全面调查的方法来达到全面调查目的的调查。

通常把所研究的现象总体叫全及总体,简称总体或母体。总体按照所研究的标志特点不同,分为变量总体和属性总体。在研究总体的数量标志特征时,称其为变量总体;在研究总体的品质标志特征时,称为属性总体。例如:进口的某种产品总体,研究其使用寿命时,称该总体为变量总体;研究产品的一等品率时,称该总体为属性总体。总体按照其所包含的单位数情况,分为无限总体和有限总体。全及总体的单位数一般用符号 N 表示。

从全及总体中随机抽出来的单位所组成的集合,叫样本总体或抽样总体,简称为样本或子样。把样本总体的每一个个体单位,叫样本单位或抽样单位,把样本总体中所包含的单位数称为样本容量,一般用 n 表示。

反映社会经济现象特征,通常用的指标有总体的平均数(算术平均数)、比率(成数)、方差及标准差。对应的样本统计量也有样本的平均数(算术平均数)、比率(成数)、方差及标准差。抽样推断就是根据样本的平均数、比率(成数)等统计量来推断总体参数的区间范围。总体平均数、比率分别用 $\bar{X}$、P 表示,样本平均数、比率分别有 $\bar{x}$、p 表示。其推断关系如图 5-1 所示。

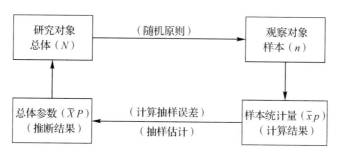

图 5-1　抽样推断关系图

二、抽样推断的特点

抽样推断这一科学方法的基本特点是:

(1)按照随机原则抽取样本。随机原则是指抽取样本时总体各单位都有同等被抽中的机会,不受主观愿望的影响,也称之为同等可能性等原则。随机原则是抽样的精髓原则,它是计算和控制抽样误差的前提条件,只有遵守随机原则,才能保证所抽取的样本对总体有充分的代表性。

(2)抽样推断的目的是用样本统计量推断总体参数。

(3)抽样数目能够根据抽样估计的可靠性及精确度要求,运用科学方法加以计算。

(4)样本统计量与总体参数之间存在误差,该误差可以根据样本容量和总体的标志变异程度加以计算,并将其控制在一定的范围内。

三、抽样推断的作用

(1)对于那些从理论上讲可以进行全面调查,但实际工作中没有必要进行全面调查的现象,运用这种非全面调查的方法,既可以达到对总体的全面认识目的,又可以减少人力、财力、物力及时间的耗费。

(2)在实际调查中,有些研究现象具有毁坏性试验特征,不能进行全面调查时,可以运用统计抽样的方法,推断总体特征。

(3)利用抽样推断方法,可以对生产过程进行质量控制和检验。

(4)对于需要了解全面的资料,当由于时间紧迫,无法获得全面资料时,运用抽样推断方法来取得资料。

(5)经常运用抽样推断方法对普查质量进行检查和修正。

第二节　抽样方法和组织方式

运用不同的抽样方法和组织形式,不仅影响调查结果的准确性,也会影响抽样的经济性。

一、抽样方法

抽样的方法有重复抽样和不重复抽样。

(1)重复抽样(重置抽样)是指在总体 N 个单位中,随机抽出 n 个单位构成样本,每次抽出一个单位登记之后,又放回到原来总体中,重新参加下一次抽选,这样的抽样过程进行 n 次,就形成了观察样本。

重复抽样的特点是:总体单位数始终保持不变,各单位被抽中的机会相同,每次抽样过程是独立事件,对其后的抽样结果无影响。

(2)不重复抽样(不重置抽样)是指在总体 N 个单位中,随机抽出 n 个单位构成样本,每次抽出一个单位登记之后,不再放回到原来总体中,不再下一次抽选,这样的抽样过程进行 n 次,就形成了观察样本。

(3)样本单位的排列与组合采用不同抽样方法抽取 n 个单位构成样本,由于样本单位的排列与组合顺序不同,因此就有考虑顺序的重复抽样和考虑顺序的不重复抽样,不考虑顺序的重复抽样和不考虑顺序的不重复抽样四种情形,进而形成不同的样本。假设用 M 表示可能的样本数目,则其计算方法就是排列与组合问题。

1)考虑顺序的不重复抽样数目,记做 A_N^n,为

$$M = A_N^n = N(N-1)(N-2)\cdots(N-n+1) = \frac{N!}{(N-n)!}$$

2)考虑顺序的重复抽样数目,记作 B_N^n,为

$$M = B_N^n = N^n$$

3)不考虑顺序的不重复抽样数目,记作 C_N^n,为

$$M = C_N^n = \frac{N(N-1)(N-2)\cdots(N-n+1)}{n!} = \frac{N!}{n!(N-n)!}$$

4)不考虑顺序的重复抽样数目,记作 D_N^n,为

$$M = D_N^n = C_{N+n-1}^n$$

就理论而言,可能样本数目用上述公式表达。就实际而言,抽样实施中是不可能将所有可能样本全部抽出来观察,而只是抽到 M 个可能样本中的某一个样本,就依据该样本的统计量来推断总体的参数,这正是抽样法的科学性所在。

二、抽样的组织方式

抽样的组织方式有简单随机抽样、类型抽样、机械抽样、整群抽样和多阶段抽样等。

(一)简单随机抽样

简单随机抽样,称为纯随机抽样,是指遵守随机原则,直接从总体 N 各单位中,抽取 n 各单位作为样本。无论是重复抽样还是不重复抽样,都要保证每个单位在抽选中有同等的中选机会。简单随机抽样是抽样的最基本形式,适用于均匀总体。在抽样之前,要求设计一个抽样框,然后用抽签的方式,或者根据随机数字表来抽选必要的样本单位数。

简单随机抽样的特点是：最能体现随机原则；是设计其他抽样组织形式的基础；是衡量其他抽样组织形式抽样效果的标准；总体很大时，不便于确定抽样框。

（二）类型抽样

类型抽样，又称分层抽样，是指将总体各单位按主要标志分成若干个类型组，然后遵照随机原则，在各类型组中抽取一定单位构成样本。假设总体中有 N 个单位，将其分成 K 组，使 $N=N_1+N_2+N_3+\cdots+N_k$，然后从每组的 N_i 单位中随机抽取 n_i 单位构成容量为 n 的样本，使 $n=n_1+n_2+n_3+\cdots+n_k$，以此方式进行的抽样，就是类型抽样。在划分类型组时，应该做到同一类型组内各单位之间的差异尽可能小，不同类型组之间的差异尽可能大。

由于类型组是按照主要标志分组的，各组的单位数一般是不同的，因此在各个类型组中抽取单位时，可以按照等比例抽样也可以按不等比例抽样。

（1）等比例抽样法就是指各组样本单位数与样本容量之比等于各组总体单位数与全及总体单位数个类型组的单位数占总体单位总数之比。用 N_i 表示各类型组的单位数，n_i 表示从各类型组抽取的单位数。用公式表示为

$$\frac{n_1}{N_1} = \frac{n_2}{N_2} = \cdots = \frac{n_k}{N_k} = \frac{n}{N}$$

即

$$n_i = n \times \frac{N_i}{N}$$

（2）不等比例抽样法就是指各组样本单位数与样本容量之比不一定要等于各组总体单位数与全及总体单位数之比。

类型抽样的特点是：将分组法原理与抽样法原理相结合应用，便于提高估计的精度；抽样结果既可以估计总体特征，也可以估计各类型组的子总体特征；在各类型组中抽取单位时，既可以用重复抽样方法，也可以用不重复抽样方法；便于抽样的组织与实施，等比例抽样应用广泛。

（三）机械抽样

机械抽样，也称等距抽样或系统抽样。它是先将总体各单位按某一标志排队，然后依据固定的顺序或间隔来抽取样本单位的一种抽样方式。将总体各单位按排队的标志，既可以是有关标志，也可以是无关标志。

（1）按有关标志排队的等距抽样，是在对总体单位的变异情况有所了解时，把总体单位按照与所研究内容有密切联系的标志排队后，再进行抽样的一种组织方式。如对出口企业创汇水平调查中按其交易额排队，农村居民家庭经营收入调查中按其收入水平排队等。

运用这种抽样方式抽样，就如从 N 个单位中抽取 n 个单位，等于将总体单位划分为 n 个单位数相等的组，每组包括 K 个单位，则 $K = \frac{总体单位数}{样本单位数} = \frac{N}{n}$。抽取第一个抽样单位时，可以用半距中点取样法，也可以用对称等距取样法。

1）半距中点取样法。半距中点取样法是指按有关标志顺序排队后，抽取每一组处于中

间位置的单位。第一组的取样是 $\frac{K}{2}$ 个单位,第二组的取样是 $K+\frac{K}{2}$ 个单位,第三组的取样是 $2K+\frac{K}{2}$ 个单位,$\cdots$,第 n 组的取样是 $(n-1)K+\frac{K}{2}$ 个单位,每个单位的间隔都是 K。这样有利于提高样本的代表性。

2)对称等距抽样法。对称等距抽样法是指按有关标志顺序排队后,第一个组可以随机抽取第 i 个单位,第二组则取该部分最终倒数第 i 个单位,如此次反复使两组保持对称距离。假设在第一组的 k 个单位中,随机抽取第 i 个单位,第二组则取第 $2k-i$ 单位,第三组取第 $2k+i$ 单位,第四组取第 $4k-i$ 单位,$\cdots$,第 $n-1$ 组取第 $(n-2)k+i$ 单位,第 n 组取第 $nk-i$ 单位,共取 n 个单位构成样本。

(2)按无关标志排队的等距抽样,是指与所研究的单位标志值大小顺序无关紧要的标志排序,依据固定的顺序或间隔来抽取样本单位的一种抽样方式。例如:研究产品质量按生产的时间顺序取样;研究城市居民家庭收入按社区取样;等等。

假设总体中有 N 个单位,需要从中抽取一个容量为 n 的样本。先将总体各单位按某一无关标志排队,然后将 N 划分为 n 个单位数相同的组,每组包括 K 个单位,则 $K=\frac{总体单位数}{样本单位数}=\frac{N}{n}$。假定从第一组里随机抽取第 i 个单位,在第二组抽取第 $i+K$ 单位,第三组里抽取第 $i+2K$ 单位,$\cdots$,在第 n 组抽取第 $i+(n-1)K$ 单位,共 n 个单位构成样本。

按有关标志排队的等距抽样方式,排队越准确,样本的代表性越高。其代表性比简单随机抽样强,也比无关标志排队的等距抽样好。

利用按有关标志排队的等距抽样方式,虽然也会出现误差,如按预计估产排队,因为估产是随机的,就会有误差。但因估计时有高有低,所以误差也会相互抵消,因此按有关排队的等距抽样方式,比等比例分层抽样能使样本更均匀地分布在总体中,抽样误差也更小。

机械抽样的特点是:操作简单,易于推广;对称等距抽样法可以有效提高抽样估计精度,是不重复抽样;抽样误差计算方法可分为同类型抽样(按有关标志排队时)和简单随机抽样(按无关标志排队时)。

(四)整群抽样

整群抽样也称集团抽样,是先将总体各单位划分为若干群,然后从其中随机抽取部分群,对中选群中的所有单位进行全面调查的抽样方式。假设将总体中的全部单位 N 划分为 R 群,每群包括 M 个单位,则 $N=RM$。可以从 R 群中随机抽取 r 群组成样本,样本容量 $n=rM$,对选群中的所有单位进行观察。

整群抽样的特点是:不进行重复抽样;代表性较低,抽样误差较大。

(五)多阶段抽样

当总体很大时,直接从总体中抽取单位比较困难,因此,一般采用多阶段抽样,又称多级抽样。多阶段抽样是指先从研究总体中抽取若干个一级(初级)单位,然后从被抽中的每个一级(初级)单位中,抽取若干个二级(次级)单位,再从每个二级(次级)单位中,抽取若干个三级(次级)单位,依此类推,直到抽出最低级单位为止。每个阶段可以采用相同的抽样方法,也可以采用不同的抽样方法。我国农产量抽样调查,城镇居民住户调查等都采用的是多阶段抽样。

多阶段抽样的特点是:只调查被抽中的最低一级的单位;较高阶段的抽样单位是群体,最低阶段的抽样单位可以是群体,也可以是基本单位。

第三节 抽样分布原理

抽样推断的理论基础是大数法则,大数法则是阐述大量同类随机现象平均的结果具有稳定性的科学理论,该理论描述了自然界和社会经济现象普遍存在的客观规律,正态分布原理则是大数法则的重要内容,该原理为研究样本分布及抽样推断奠定了理论基础。

一、抽样分布概念

抽样分布就是由样本 n 个观察值所计算的统计量的概率分布。包括样本平均数的抽样分布、样本成数(比率)的抽样分布以及样本标准差的抽样分布等。

二、总体的平均数、标准差分布特征

自然及社会经济现象的大多数随机变量服从正态分布,或是在一定条件下近似地服从正态分布,但是并不是所有的随机变量都服从正态分布。在此仅介绍正态分布。

(一)总体平均数

总体平均数反映同质现象总体各单位某一数量标志值分布的集中趋势。

未整理资料的均值为

$$\overline{X} = \frac{\sum X}{N} \quad (简单算术平均数)$$

整理资料的均值为

$$\overline{X} = \frac{\sum Xf}{\sum f} \quad (加权算术平均数)$$

(二)总体标准差

总体标准差反映同质现象总体各单位某一数量标志值分布的离中趋势。

未整理资料的标准差为

$$\sigma = \sqrt{\frac{\sum (X - \overline{X})^2}{N}}$$

整理资料的标准差

$$\sigma = \sqrt{\frac{\sum (X - \overline{X})^2 f}{\sum f}}$$

(三) 总体成数及标准差

$$\overline{X} = P \quad \sigma^2 = P(1-P) \quad \sigma = \sqrt{P(1-P)}$$

三、样本平均数的抽样分布

(一) 样本平均数的抽样分布特征——集中程度

样本平均数的分布是指按相同的样本容量 n，从总体中重复地抽取 M 个样本，每一个样本计算出一个平均数，就有 M 个平均数值。可见，抽样平均数是一个变量，它有 M 个值 $\bar{x}$ 变量 $\bar{x}_1, \bar{x}_2, \bar{x}_3, \cdots, \bar{x}_m$，这些抽样平均数有怎样的分布特征？大数法则理论中的中心极限定理给出的结论如下：

(1) 如果原有总体服从正态分布，那么无论样本容量多少，样本平均数的抽样分布都服从正态分布。如果总体分布为 $N(\overline{X}, \sigma)$ 时，抽样平均数 $\bar{x}$ 服从 $N\left(\bar{x} = \overline{X}, \dfrac{\sigma}{\sqrt{n}}\right)$ 的正态分布。

(2) 如果原有总体为非正态分布，只要增大样本容量（$n \geqslant 30$），样本平均数的抽样分布都将趋近于正态分布，即抽样平均数近似地服从 $N\left(\bar{x} = \overline{X}, \dfrac{\sigma}{\sqrt{n}}\right)$ 的正态分布。

由此可得，对于未知总体，只要增加样本容量 n，则抽样平均数的分布都会趋近正态分布。因此，样本平均数的抽样分布特征就是：样本平均数的数学期望等于总体平均数，也即所有可能样本平均数的平均数等于总体平均数，平均数的抽样分布反映了样本平均数分布的集中程度，即

$$E(\bar{x}) = \overline{X}$$

或者

$$\bar{\bar{x}} = \dfrac{\bar{x}_1 + \bar{x}_2 + \cdots + \bar{x}_m}{\text{可能的样本数}} = \dfrac{\sum \bar{x}}{M} = \overline{X}$$

式中：$\bar{\bar{x}}$ 为抽样分布平均数；$\bar{x}$ 为样本平均数；M 为从总体中抽出的所有可能样本数目。

(二) 样本平均数的抽样分布特征——离散程度

总体标准差 σ 是度量总体平均数离散程度的指标，那么样本平均数的离散程度同样要用标准差的形式加以测度，数理统计中叫标准误差，用 $\sigma_{\bar{x}}$ 表示。其公式为

$$\sigma_{\bar{x}} = \sqrt{\dfrac{\sum_{1}^{m}(\bar{x} - \bar{\bar{x}})^2}{M}}$$

或者

$$\sigma_{\bar{x}} = \sqrt{\dfrac{\sum_{1}^{m}(\bar{x} - \overline{X})^2}{M}}$$

上述公式在理论上是可行的，实际中是不可能求得 $\sigma_{\bar{x}}$ 的，只能用数理统计已经证明过的简捷式替代，公式为

$$\sigma_{\bar{x}} = \frac{\sigma}{\sqrt{n}} \quad (n\text{ 为样本容量})$$

由此可见,抽样平均数的标准误差 $\sigma_{\bar{x}}$ 与总体标准差 σ 呈正比例关系,与样本容量的二次方根成反比例关系。

【例 5-1】 设某总体中有 4 个个体单位,即 $N=4$,数值分别为 2、3、4、5,则有:$X_1=2$,$X_2=3$,$X_3=4$,$X_4=5$。

要求:

(1)描述总体分布特征;

(2)若用重复抽样方法,从总体中抽取容量为 $n=2$ 的随机样本,试描述样本平均数的抽样分布特征。

解:(1)
$$\bar{X} = \frac{2+3+4+5}{4} = 3.5$$

$$\sigma = \sqrt{\frac{(2-3.5)^2+(3-3.5)^2+(4-3.5)^2+(5-3.5)^2}{4}} = \sqrt{\frac{5}{4}}$$

总体分布状态如图 5-2 所示。

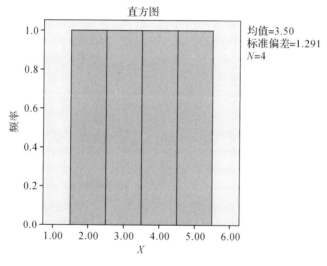

图 5-2 总体分布

(2)假定用重复抽样方法,从总体中抽取容量为 $n=2$ 的随机样本,共有 $M=N^2=4^2=16$ 个样本,则由 16 个样本组成的抽样总体见表 5-1。

表 5-1 16 个样本组成的抽样总体

第一个观察值	第二个观察值			
	2	3	4	5
2	2,2	2,3	2,4	2,5
3	3,2	3,3	3,4	3,5
4	4,2	4,3	4,4	4,5
5	5,2	5,3	5,4	5,5

对表 5-1 进行整理,计算抽样平均数及标准差,见表 5-2。

表 5-2 抽样平均数及标准误差计算表

抽样平均数 $\bar{x}$	次数 f	$\bar{x}f$	$\bar{x}-\bar{\bar{x}}$	$(\bar{x}-\bar{\bar{x}})^2$	$(\bar{x}-\bar{\bar{x}})^2 f$
2.0	1	2	-1.5	2.25	2.25
2.5	2	5	-1.0	1.00	2
3.0	3	9	-0.5	0.25	0.75
3.5	4	14	0	0	0
4.0	3	12	0.5	0.25	0.75
4.5	2	9	1.0	1	2
5.0	1	5	1.5	2.25	2.25
合 计	16	56	—	—	10

$$\bar{\bar{x}} = \frac{\sum \bar{x}f}{\sum f} = \frac{56}{16} = 3.5$$

$$\sigma_{\bar{x}} = \sqrt{\frac{\sum(\bar{x}-\bar{\bar{x}})^2 f}{\sum f}} = \sqrt{\frac{10}{16}} = \sqrt{\frac{5}{8}}$$

可以看出:

$$\bar{\bar{x}} = \overline{X} = 3.5$$

$$\sigma_{\bar{x}} = \frac{\sigma}{\sqrt{n}} = \sqrt{\frac{5}{8}}$$

样本平均数的抽样分布状态,见图 5-3 所示。

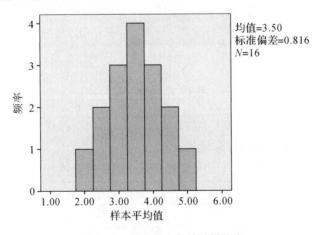

图 5-3 样本平均数的抽样分布

对比图 5-2 和图 5-3 可以发现,抽样分布与总体分布是不同的,总体分布为均匀分布,而抽样分布的图形更接近钟形,近似于服从正态分布,但样本平均数对称地分布在总体平均数

(3.5)周围,抽样分布的均值与总体分布的均值完全相同,且抽样分布的方差要比总体方差要小。同时可以看出,如果所选择的总体和样本的单位数较大时,样本平均数便接近于正态分布。

(三)样本平均数的抽样分布与总体分布的关系

从上面的例题可以看出了解抽样分布与总体分布的关系至关重要,是抽样推断的依据。样本平均数的抽样分布与总体分布的关系可用图 5-4 来描述。

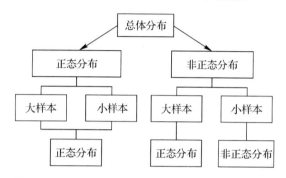

图 5-4 样本平均数的抽样分布与总体分布关系图

四、样本比率的抽样分布

(一)样本比率

比率也称为成数,是指具有某种标志表现的单位数在总体单位总数中所占的比例。如产品的合格品数量占全部产品总量的比率、某市的城镇人口占全市总人口数量的比例。比率适用于研究分类变量或定性变量。

设 N 为总体单位数,N_1 为总体中具有某种标志表现的单位数,N_0 为总体中不具有某种标志表现的单位数,则:总体比率 $P=\dfrac{N_1}{N}$;n 为样本单位数,n_1 为样本中具有某种标志表现的单位数;n_0 为样本中不具有某种标志表现的单位数。因此样本比率 $p=\dfrac{n_1}{n}$。

(二)样本比率的抽样分布特征

为了计算比率的平均数,常用 1 表示具有某种标志表现,0 表示不具有某种标志表现,因此总体比率的平均数实质上是这两个变量值(0,1)的加权算术平均数

$$\overline{X} = \frac{1 \times N_1 + 0 \times (N-N_1)}{N} = \frac{N_1}{N} = P$$

或者

$$\overline{X} = \sum X \times \frac{f}{\sum f} = 1 \times P + 0 \times (1-P) = P$$

$$\sigma^2 = \frac{(1-P)^2 N_1 + (0-P)^2(N-N_1)}{N}$$

$$= \frac{N_1 - 2PN_1 + P^2 N}{N} = P - 2P^2 + P^2 = P(1-P)$$

$$\sigma = \sqrt{P(1-P)}$$

同理,样本比率的平均数为

$$\bar{x} = \frac{n_1}{n} = p$$

样本比率的标准差为

$$S = \sqrt{p(1-p)}$$

样本比率的抽样分布:样本比率的抽样分布是指由样本比率的所有可能取值形成的相对频数分布。样本比率(成数)的数学期望等于总体比率(成数),样本比率的标准差与总体比率的标准差成正比例关系,与样本容量的平方根成反比例关系。用公式表示为

$$E(p) = \bar{p} = P$$

$$\sigma_p = \sqrt{\frac{P(1-P)}{n}}$$

样本比率的抽样分布原理与样本平均数的抽样分布一样,抽样比率分布的平均数 $\bar{p}$ 也不知道,所以样本比率的标准差用简捷式公式来计算,这里不再赘述。

五、样本方差的抽样分布

要用样本方差 S^2 去推断总体方差,也必须知道样本方差的抽样分布。在重复抽取容量为 n 的样本室,由样本方差的所有可能取值形成的相对频数分布即为样本方差的抽样分布。

作为统计量的样本方差是如何分布的?对于来自正态总体的简单随机样本,样本方差 $s^2 = \dfrac{\sum\limits_{i=1}^{n}(x_i - \bar{x})^2}{n-1}$ 是总体方差 σ^2 的无偏估计量,可证明 $\chi^2 = \dfrac{(n-1)S^2}{\sigma^2}$ 服从自由度为 $n-1$ 的 χ^2 分布。见图 5-5。

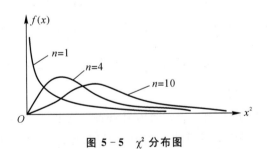

图 5-5 χ^2 分布图

第四节 抽样误差

一、抽样误差的概念

抽样误差就是指抽样平均数(或比率)与总体平均数(或比率)之间的离差,即 $\bar{x} - \bar{X}$,$p - P$,这个误差越小,说明抽样平均数或比率的代表性越强,反之亦然。抽样误差是在不出现

登记性误差和系统性误差的情况下,遵守随机原则抽样而出现的样本指标与总体指标之间的离差,它反映了样本代表性的大小,因而是一种不可避免的代表性误差。

抽样误差虽然是不可避免的,但是在设计抽样方案时,可以根据抽样估计的可靠性及精确度的要求,把它控制在一定的允许范围之内。以下几点为会影响误差大小的因素。

(1)总体标志的变异程度。总体标志变异程度越大,抽样误差越大;反之,则抽样误差越小。

(2)抽样的组织方式和方法。实施抽样所运用的抽样组织方式和方法不同,其抽样误差就不同。一般来说,类型抽样、等距抽样与纯随机抽样、整群抽样相比较,前两者更能保证所抽取的单位在样本中均匀分布,从而提高抽样的代表性,缩小抽样误差;重复抽样方法比不重复抽样方法所产生的误差要大。

(3)抽样单位数目。抽样的单位数越多,越能将总体的特征包括在内,因而代表性就越高,抽样误差就越小,反之,抽样误差越大。

二、抽样平均误差

由于样本是随机变量,抽样误差的大小会受到样本这个随机变量的影响,即有多少个样本,就会有多少个抽样误差值。如果在既定的抽样组织方式下,按照某种方法抽样,抽出一个容量为 n 的样本,其可能的样本数目就可能有 M 个,每一个样本统计量都会与总体参数之间存在离差,而且离差大小也各不相同,那么要如何来衡量样本的代表性呢?需要引入抽样平均误差概念,以便回答这个问题。

抽样平均误差就是样本平均数(或比率)的标准差。它是衡量抽样平均数(或比率)代表性的一把尺度,抽样平均误差越小,抽样平均数(或比率)的代表性越大,反之则越小。通常把抽样平均数的平均误差用符号 $\mu_{\bar{x}}$ 表示,把抽样比率的平均误差用 μ_p 表示。

抽样平均误差实质就是样本的标准误差,在数理统计中一般用 $\sigma_{\bar{x}}$、σ_p 表示,因此 $\mu_{\bar{x}}$、μ_p 和 $\sigma_{\bar{x}}$、σ_p 的含义相同。

定义其公式为

$$\mu_{\bar{x}} = \sqrt{\frac{\sum(\bar{x}-\bar{\bar{x}})^2}{\text{所有可能的样本数}}} = \sqrt{\frac{\sum(\bar{x}-\overline{X})^2}{\text{所有可能的样本数}}}$$

$$u_p = \sqrt{\frac{\sum(p-\bar{p})^2}{\text{所有可能的样本数}}} = \sqrt{\frac{\sum(p-P)^2}{\text{所有可能的样本数}}}$$

实际上无法观察所有可能的样本,只能观察随机地抽中的一个样本,据此样本推断总体。总体指标 $\overline{X}$ 和 P 是真实而未知的,所以按上述定义公式来计算抽样平均误差是不可行的。只能用已经被数理统计证明过的简捷公式计算:

$$\mu_{\bar{x}} = \frac{\sigma}{\sqrt{n}}$$

$$\mu_p = \sqrt{\frac{p(1-p)}{n}}$$

从上述公式中可以看出:抽样平均误差和总体的标准差成正比例关系,和样本容量的二次方根成反比例关系。需要指出的是,抽样平均误差还与抽样的方法和组织方式有关。

(一)简单随机抽样平均误差

简单随机抽样的抽样平均误差的计算公式见表 5-3。

表 5-3 简单随机抽样的抽样平均误差计算公式

	重复抽样	不重复抽样
平均数的误差	$\mu_{\bar{x}} = \dfrac{\sigma}{\sqrt{n}}$	$\mu_{\bar{x}} = \sqrt{\dfrac{\sigma^2}{n}\left(\dfrac{N-n}{N-1}\right)} = \sqrt{\dfrac{\sigma^2}{n}\left(1-\dfrac{n}{N}\right)}$
比率的误差	$\mu_p = \sqrt{\dfrac{P(1-P)}{n}}$	$\mu_p = \sqrt{\dfrac{P(1-P)}{n}\left(\dfrac{N-n}{N-1}\right)} = \sqrt{\dfrac{P(1-P)}{n}\left(1-\dfrac{n}{N}\right)}$

根据表 5-3 的公式进行计算时,特别说明如下:

(1)如果总体 σ^2 和 $P(1-P)$ 未知,可用样本 S^2 和 $p(1-p)$ 来代替。

(2)重复抽样的平均误差大于不重复抽样的平均误差。

(3)当 N 的值很大时,用 $\left(1-\dfrac{n}{N}\right)$ 代替 $\left(\dfrac{N-n}{N-1}\right)$。

(4)按不重复抽样方法抽样时,常常采用重复抽样的公式计算抽样平均误差。

【例 5-2】 为了调查某储蓄所定期存款情况,采用重复抽样方式从定期存款账户中随机抽取了 36 户进行调查,得到样本平均数为 9 600 元,标准差为 80,计算样本平均数的抽样平均误差。

解: $\mu_{\bar{x}} = \sqrt{\dfrac{S^2}{n}} = \sqrt{\dfrac{80^2}{36}}$ 元 = 13.33 元

【例 5-3】 某保险公司为了观察投保人投健康险的情况,从 2014 年投健康险的 700 个投保人中随机不重复抽出 35 个人调查,得到投保人的平均年龄为 43 岁,投保人年龄样本标准差为 8 岁。计算样本平均数的抽样平均误差。

解:不重复抽样下样本平均数的抽样平均误差为

$$\mu_{\bar{x}} = \sqrt{\dfrac{S^2}{35}\left(1-\dfrac{35}{700}\right)} \text{岁} = \sqrt{\dfrac{8^2}{35}} \text{岁} = 1.35 \text{岁}$$

【例 5-4】 一批商品(2 000 件)运抵仓库,随机抽取 200 件检验其质量,发现有 10 件不合格。试按重复与不重复抽样分别计算合格率抽样平均误差。

解:样本合格率为

$$p = \dfrac{n_1}{n} \times 100\% = \dfrac{190}{200} \times 100\% = 95\%$$

按重复抽样计算合格率抽样平均误差为

$$\mu_p = \sqrt{\dfrac{p(1-p)}{n}} \times 100\% = \sqrt{\dfrac{95\% \times 5\%}{200}} \times 100\% = 1.54\%$$

按不重复抽样计算合格率抽样平均误差为

$$\mu_p = \sqrt{\frac{p(1-p)}{n}\left(1-\frac{n}{N}\right)} = \sqrt{\frac{95\% \times 5\%}{200} \times \left(1-\frac{200}{2\,000}\right)} = 1.46\%$$

(二) 类型抽样的抽样平均误差

类型抽样是分组法和抽样法的结合运用的抽样组织方式,是把总体按照某种标志分成不同的类型分组后,再从每一类型组随机抽取单位集合成样本并进行抽样观测。所以,相当于类型组进行了全面观测,不存在组间方差。总体方差 σ^2 可用各组内部方差 σ_i^2 的加权算术平均数代替。

假设将若总体分为 K 个类型,则

$$\sigma^2 \approx \overline{\sigma_i^2} = \frac{\sum_{i=1}^{k}\sigma_i^2 N_i}{N}$$

当总体方差 σ^2 未知时,用样本方差 s^2 来代替,即

$$\sigma^2 \approx \overline{S_i^2} = \frac{\sum_{i=1}^{k}S_i^2 n_i}{n}$$

同理可得

$$P(1-P) \approx \overline{P_i(1-P_i)} = \frac{\sum_{i=1}^{k}P_i(1-P_i)N_i}{N}$$

或

$$p(1-p) \approx \overline{p_i(1-p_i)} = \frac{\sum_{i=1}^{k}p_i(1-p_i)n_i}{n}$$

式中:i 为组别。类型抽样平均误差计算公式见表 5-4。

表 5-4 类型抽样的抽样平均误差计算公式

	重复抽样	不重复抽样
平均数的误差	$\mu_{\bar{x}} = \sqrt{\frac{\overline{\sigma_i^2}}{n}} \approx \sqrt{\frac{\overline{S_i^2}}{n}}$	$\mu_{\bar{x}} = \sqrt{\frac{\overline{\sigma_i^2}}{n}\left(\frac{N-n}{N-1}\right)} \approx \sqrt{\frac{\overline{S_i^2}}{n}\left(1-\frac{n}{N}\right)}$
比率的误差	$\mu_p = \sqrt{\frac{\overline{P_i(1-P_i)}}{n}} \approx \sqrt{\frac{\overline{p_i(1-p_i)}}{n}}$	$\mu_p = \sqrt{\frac{\overline{p_i(1-p_i)}}{n}\left(\frac{N-n}{N-1}\right)} \approx \sqrt{\frac{\overline{P_i(1-P_i)}}{n}\left(1-\frac{n}{N}\right)}$

【例 5-5】 某地区欲调查外出劳动者收入情况,对 10 000 名外出劳动者按学历分组并随机等比例抽样,样本资料见表 5-5。

表 5-5　外出劳动者月收入样本资料

学历	样本容量(n)/个	月收入($\bar{x}$)/元	月收入标准差(S)/元
初中及以下	300	1 000	150
高中	200	1 300	120
合计	500	1120	—

要求计算样本平均数和抽样平均误差。

解:样本平均数为

$$\bar{x} = \frac{\sum \bar{x}_i n_i}{n} = \frac{1\,000 \times 300 + 1\,300 \times 200}{500} = 1\,120 \text{ 元}$$

组内样本方差平均数为

$$\overline{S_i^2} = \frac{\sum_{i=1}^{2} S_i^2 n_i}{n} = \frac{150^2 \times 300 + 120^2 \times 200}{500} \text{ 元} = 19\,260 \text{ 元}$$

重复抽样下有

$$\mu_{\bar{x}} = \sqrt{\frac{\overline{S_i^2}}{n}} = 6.21 \text{ 元}$$

不重复抽样下有

$$\mu_{\bar{x}} = \sqrt{\frac{\overline{S_i^2}}{n}\left(1 - \frac{n}{N}\right)} = 6.05 \text{ 元}$$

【例 5-6】　某大学对男女毕业生分别抽取 10% 进行学位获得情况调查,结果见表 5-6。

表 5-6　某大学男女毕业生学位获得情况抽样调查资料

学生按性别分组	抽样单位数/人	学位获得比率/%
男生	89	91
女生	96	95
合计	185	—

要求计算:该高校学生学位获得比率的抽样平均误差。

解:样本方差的算术平均数为

$$\overline{p_i(1-p_i)} = \frac{\sum_{i=1}^{2} p_i(1-p_i)n_i}{n} = \frac{0.91 \times 0.09 \times 89 + 0.95 \times 0.05 \times 96}{185} = 0.06$$

重复抽样方法有

$$\mu_p = \sqrt{\frac{\overline{p_i(1-p_i)}}{n}} \times 100\% = \sqrt{\frac{0.06}{185}} \times 100\% = 1.80\%$$

不重复抽样方法有

$$\mu_p = \sqrt{\frac{p_i(1-p_i)}{n}\left(1-\frac{n}{N}\right)} \times 100\% = \sqrt{\frac{0.06}{185} \times 0.9} \times 100\% = 1.71\%$$

(三)等距抽样的抽样平均误差

按有关标志排队的等距抽样,其抽样平均误差的计算方法同类型抽样;按无关标志排队的等距抽样,其抽样平均误差的计算方法同简单随机抽样。等距抽样是不重复抽样,其抽样平均误差采用不重复抽样方法计算。其公式见表5-7。

表5-7 等距抽样的抽样平均误差计算公式(不重复抽样)

	按有关标志排队	按无关标志排队
平均数的误差	$\mu_{\bar{x}} = \sqrt{\frac{\sigma_i^2}{n}\left(\frac{N-n}{N-1}\right)} \approx \sqrt{\frac{S_i^2}{n}\left(1-\frac{n}{N}\right)}$	$\mu_{\bar{x}} = \sqrt{\frac{\sigma^2}{n}\left(\frac{N-n}{N-1}\right)} = \sqrt{\frac{\sigma^2}{n}\left(1-\frac{n}{N}\right)}$
比率的误差	$\mu_p = \sqrt{\frac{p_i(1-p_i)}{n}\left(\frac{N-n}{N-1}\right)}$ $\approx \sqrt{\frac{P_i(1-P_i)}{n}\left(1-\frac{n}{N}\right)}$	$\mu_{\bar{p}} = \sqrt{\frac{P(1-P)}{n}\left(\frac{N-n}{N-1}\right)}$ $= \sqrt{\frac{P(1-P)}{n}\left(1-\frac{n}{N}\right)}$

(四)整群抽样的抽样平均误差

整群抽样是先将总体中的所有单位划分到 R 群中去,再从 R 群中随机抽取 r 群作为样本,若每个 r 群包含 m 个单位,则样本容量为 $n = r \times m$,对样本群中的单位进行全面调查。可见,整群抽样不存在群内方差,总体方差可以用群间方差代替。

若以往调查获得的群平均数为 $\bar{x}_i$,总体平均数为 $\overline{X}$,则若群间方差 δ^2 公式的计算为

$$\delta_X^2 = \frac{\sum_{i=1}^{R}(\overline{X}_i - \overline{X})^2}{R}$$

若没有上述信息,则用样本群间方差代替总体方差,其样本群间方差的计算公式为

$$\delta_x^2 = \frac{\sum_{i=1}^{r}(\bar{x}_i - \bar{x})^2}{r}$$

同理,比率的总体群间方差为

$$\delta_P^2 = \frac{\sum_{i=1}^{R}(P_i - P)^2}{R}$$

比率的样本群间方差为

$$\delta_p^2 = \frac{\sum_{i=1}^{r}(p_i - p)^2}{r}$$

整群抽样是不重复抽样方法的运用,所以其抽样平均误差的计算公式见表 5-8。

表 5-8　整群抽样的抽样平均误差计算公式

平均数的误差	$\mu_{\bar{x}} = \sqrt{\dfrac{\delta_{\bar{x}}^2}{r}\left(\dfrac{R-r}{R-1}\right)}$
比率的误差	$\mu_p = \sqrt{\dfrac{\delta_p^2}{r}\left(\dfrac{R-r}{R-1}\right)}$

【例 5-7】　某地区为了解农村居民家庭经营每月收入情况,决定从全区的 260 个村民小组中随机抽样 5% 进行调查。所抽中的 13 村民小组的家庭月经营收入为 1 280 元,群间方差为 1 270 元,要求计算抽样平均误差。

解:$R=260, r=13, \delta_{\bar{x}}^2=1\,270$,整群抽样的抽样平均误差为

$$\mu_{\bar{x}} = \sqrt{\dfrac{\delta_{\bar{x}}^2}{r}\left(\dfrac{R-r}{R-1}\right)} = \sqrt{\dfrac{1\,270}{13} \times \left(\dfrac{260-13}{260-1}\right)} = 9.65\,(元)$$

用不同的抽样方式及方法,对同一总体进行抽样调查,产生的抽样误差数值大小各异。一般来说:简单随机抽样的抽样平均误差最大;类型抽样的抽样平均误差最小;整群抽样的抽样平均误差有时可能较大,有时可能较小。运用整群抽样方式时,为了减小抽样误差,提高抽样估计效果,则需要多抽取一些样本单位。

三、抽样极限误差

(一)抽样极限误差的概念

抽样极限误差是指是指在一定概率下样本指标与总体指标之间所存在的可能误差范围,也称为允许误差或最大误差。用 $\Delta_{\bar{x}}$、Δ_p 分别表示平均数和比率的抽样极限误差。表达式为

$$|\bar{x} - \bar{X}| \leqslant \Delta_{\bar{x}}$$
$$|p - P| \leqslant \Delta_p$$

上述公式说明,在一定概率下的抽样指标 $\bar{x}$ 或 p 与总体指标 $\bar{X}$ 或 P 的误差绝对值不超过 $\Delta_{\bar{x}}$ 或 Δ_p。这个抽样极限误差的可能范围是不完全肯定的,它与抽样估计的概率紧密联系。如何计算抽样极限误差呢?回答是:用抽样平均误差为标准来计算。在抽样估计中,这个概率叫置信度,习惯上也称之为可信程度、把握程度或概率保证程度等,用 $1-\alpha$ 表示。在其他条件不变的情况下,相应的抽样极限误差越大,反之亦然。

(二)样本平均数的抽样极限误差计算

1. 大样本条件下样本平均数的抽样极限误差

根据抽样分布理论,在大样本情况下,无论总体是否服从正态分布,抽样平均数 $\bar{x}$ 都服从或渐近服从正态分布。因此,若给定 $1-\alpha$,可由根据标准正态分布概率表查得临界值 $Z_{\alpha/2}$,使得 $\dfrac{\bar{x}-\bar{X}}{\mu_{\bar{x}}}$ 在区间 $(-Z_{\alpha/2}, Z_{\alpha/2})$ 内的概率为 $1-\alpha$,即 $|\bar{x}-\bar{X}| \leqslant Z_{\alpha/2}\mu_{\bar{x}}$ 的概率为 $1-\alpha$。

需要指出的是，$Z_{\alpha/2}$ 称为概率度，它与概率 $1-\alpha$ 之间存在函数关系，通过查正态分布表得到。最常见的是：$1-\alpha=0.6827$ 时，$Z_{\alpha/2}=1$；$1-\alpha=0.9545$ 时，$Z_{\alpha/2}=2$；$1-\alpha=0.9973$ 时，$Z_{\alpha/2}=3$。表明抽样指标与总体指标之间的允许误差分别等于抽样平均误差的 1 倍、2 倍和 3 倍。

【例 5-8】 某企业了解包装产品重量误差情况，采用重复抽样方法从 5 000 件产品中随机抽取 1‰进行调查，测得样本平均重量为 450 g，样本标准差为 10 g，试以 0.9545 的置信水平计算产品平均重量的抽样极限误差。

已知：$n=5\,000\times1\%=50, s=10, 1-\alpha=0.9545$，查得 $Z_{\alpha/2}=2$。

抽样平均误差为

$$\mu_{\bar{x}}=\sqrt{\frac{\sigma^2}{50}}=\sqrt{\frac{10^2}{50}}\,\text{元}=1.41\,\text{元}$$

抽样极限误差为

$$\Delta_{\bar{x}}=Z_{\alpha/2}\mu_{\bar{x}}=2\times1.41\,\text{元}=2.82\,\text{克}$$

【例 5-9】 续【例 5-3】某保险公司为了观察投保人投健康险的情况，从 2014 年投健康险的 700 个投保人中随机不重复抽出 35 个人调查，得到投保人的平均年龄为 43 岁，投保人年龄样本标准差为 8 岁。要求以 95.45% 的置信水平，计算样本平均数的抽样极限误差。

解：不重复抽样平均误差为

$$\mu_{\bar{x}}=\sqrt{\frac{S^2}{35}\left(1-\frac{35}{700}\right)}\approx\sqrt{\frac{8^2}{35}}\,\text{岁}=1.35\,\text{岁}$$

抽样极限误差为

$$\Delta_{\bar{x}}=Z_{\alpha/2}\mu_{\bar{x}}=1.35\,\text{岁}\times2\,\text{岁}=2.70\,\text{岁}$$

2. 小样本条件下样本平均数的抽样极限误差

根据抽样分布原理，总体服从正态分布，无论样本容量如何，抽样平均数也服从正态分布。故小样本情况下，计算平均数的抽样极限误差分两种情况：

(1) 如果总体服从正态分布，总体方差已知，那么其抽样平均数也服从正态分布，平均数的抽样极限误差与大样本条件下的计算方法相同。

(2) 如果总体服从正态分布，总体方差未知，那么需要用样本修正标准差 S^2 来代替，这时样本均值经过标准化以后的随机变量则服从自由度为 $(n-1)$ 的 t 分布临界值，即

$$t=\frac{\bar{x}-\overline{X}}{\frac{S}{\sqrt{n}}}=\frac{\bar{x}-\overline{X}}{\mu_{\bar{x}}}\sim t(n-1)$$

若给定概率 $1-\alpha$，可查自由度为 $n-1$ 的 t 分布表确定临界值 $t_{\alpha/2}$，使 t 的取值在 $(-t_{\alpha/2},t_{\alpha/2})$ 之间的概率等于 $1-\alpha$，则有

$$\Delta_{\bar{x}}=t_{\alpha/2}\mu_{\bar{x}}$$

【例 5-10】 某种进口产品的重量服从正态分布，总体方差为 6。现从一批该进口产品中随机抽取 20 盒，测得其重量为 50.02 g，要求以 95% 的把握程度计算这批产品平均重量的允许误差。

解：$n=20$，为小样本，服从正态分布，$\sigma^2=6, 1-\alpha=95\%, z=1.96$，则

$$\mu_{\bar{x}}=\sqrt{\frac{\sigma^2}{20}}=\sqrt{\frac{6}{20}}\,\text{g}=0.55\,\text{g}$$

$$\Delta_{\bar{x}} = Z_{\alpha/2}\mu_{\bar{x}} = 1.96 \times 0.55\text{g} = 1.08\text{g}$$

【例 5-11】 某企业改进生产工艺后,产品使用寿命大为提高。现从一批试制品中随机重复抽取 16 件,测得其寿命(单位:h)为

1 550、1 655、1 549、1 488、1 490、1 542、1 552、1 491

1 483、1 550、1 546、1 549、1 480、1 478、1 455、1 467

要求:以 95.45% 的置信水平计算这批产品使用寿命的允许误差。

解:$n=16$,为小样本,服从正态分布,总体标准差未知,$1-\alpha=95\%$,根据给定的概率 $1-\alpha$,可查自由度为 $n-1$ 的 t 分布表,得到临界值 $t_{\alpha/2}(n-1)=2.131$。

样本平均数为

$$\bar{x} = \frac{\sum x}{n} = \frac{24\,325}{16}\text{h} = 1\,520.31\text{ h}$$

样本标准差为

$$S = \sqrt{\frac{\sum(x-\bar{x})^2}{n-1}} = \sqrt{\frac{38\,421.44}{16-1}}\text{h} = 50.61\text{ h}$$

抽样平均误差为

$$\mu_{\bar{x}} = \frac{S}{\sqrt{n}} = \frac{50.61}{\sqrt{16}}\text{h} = 12.65\text{ h}$$

允许误差为

$$\Delta_{\bar{x}} = t_{\alpha/2}(16-1) \times \mu_{\bar{x}} = 2.131 \times 12.65\text{ h} = 26.96\text{ h}$$

综上所述,总体分布不同,样本容量大小不同,总体方差知否,样本平均数的极限误差计算方法不同,归结为表 5-9。

表 5-9 不同总体样本平均数的抽样极限误差计算公式

总体分布	样本容量	σ^2 已知	σ^2 未知
正态分布	大样本($n \geqslant 30$)	$Z_{\frac{\alpha}{2}}\frac{\sigma}{\sqrt{n}}$	$Z_{\frac{\alpha}{2}}\frac{S}{\sqrt{n}}$
	小样本($n<30$)	$Z_{\frac{\alpha}{2}}\frac{\sigma}{\sqrt{n}}$	$t_{\frac{\alpha}{2}}\frac{S}{\sqrt{n}}$
非正态分布	大样本($n \geqslant 30$)	$Z_{\frac{\alpha}{2}}\frac{\sigma}{\sqrt{n}}$	$Z_{\frac{\alpha}{2}}\frac{S}{\sqrt{n}}$

(三)样本比率(成数)的抽样极限误差计算

样本比率的抽样分布定理告知我们,对于任意一个数学期望为 P,方差为 $\sigma^2 = P(1-P)$ 的二项分布总体,当 n 足够大,则样本比率趋近于服从 $E(p)=P$,样本方差为 $s^2 = p(1-p)$ 的正态分布。这时样本比率经过标准化后的随机变量则服从标准正态分布,即

$$z = \frac{p-P}{\sqrt{\frac{P(1-P)}{n}}} \sim N(0,1)$$

样本比率的抽样极限误差的计算,与样本平均数的抽样极限误差的计算类似,以样本比

率的抽样平均误差为标准,依据置信水平$(1-\alpha)$,查标准正态分布表得概率度值$Z_{\alpha/2}$,则样本比率的抽样极限误差为

$$\Delta_p = z_{\frac{\alpha}{2}}\sqrt{\frac{p(1-p)}{n}}$$

【例 5-12】 某企业为了控制产品废品率,从生产线上随机抽出 100 件进行调查,发现有 6 件废品。试以 95% 的把握程度计算该生产线产品废品率的抽样极限误差。

解:$n=100$,$n_1=6$,$p=6\%$,$1-\alpha=95\%$,查得 $Z_{\alpha/2}=1.96$。

$$\mu_p = \sqrt{\frac{p(1-p)}{n}} = \sqrt{\frac{6\% \times 94\%}{100}} = 2.37\%$$

$$\Delta_p = Z_{\alpha/2}\mu_p = 1.96 \times 2.37\% = 4.65\%$$

【例 5-13】 某社区从 50 岁以上的居民中随机抽出 120 人,调查其养老意向,得知其平均年龄为 58 岁,样本标准差为 12 岁;愿意居家养老的有 106 人。要求以 95.45% 的置信水平,分别计算样本平均数及样本比率的抽样极限误差。

解:对于总体比率估计,确定样本容量足够大的一般规则是:$np>5$,$n(1-p)>5$。由题可知,$n=120$,$P=106\div120=88.33\%$,$np=106$,$n(1-p)=14$,均大于 5,因此本题可以看作大样本情形。

$$\mu_{\bar{x}} = \sqrt{\frac{S^2}{120}} = \sqrt{\frac{12}{10}} \text{岁} = 1.095 \text{岁}$$

$$\Delta_{\bar{x}} = Z_{\alpha/2}\mu_{\bar{x}} = 2 \times 1.095 \text{岁} = 2.19 \text{岁}$$

$$\mu_p = \sqrt{\frac{p(1-p)}{n}} \times 100\% = \sqrt{\frac{0.8833 \times (1-0.8833)}{120}} \times 100\% = 0.0293 \times 100\% = 2.93\%$$

$$\Delta_p = Z_{\alpha/2}\mu_p = 2 \times 2.93\% = 5.86\%$$

需要说明,虽然样本比率 p 随着样本容量的增大而近似的服从正态分布,但到底样本容量为多大时,其比率 p 才能趋近于正态分布?当 p 接近于 0.5 时,仅用较小的样本容量就可以使 p 的分布趋于正态分布;但当 p 接近于 0 和 1 时,则需要用很大的样本容量才能使 p 的分布趋于正态分布。统计学家 William Gemmell Cochran 提出了一个标准可供参考,见表 5-10。

表 5-10 比率近似正态分布要求的样本容量

P	N
0.1~0.9	600
0.2~0.8	200
0.3~0.7	80
0.4~0.6	50
0.5	20

四、样本容量的确定

为了达到预期的抽样效果,除了选择抽样方法及抽样组织形式外,还必须样本容量问

题,这也是抽样方案设计的主要内容之一。对于纯随机抽样方式来说,根据抽样极限误差计算公式就可以确定样本容量。

运用重复抽样方法时,在一定的概率保证下:

$$\Delta_{\bar{x}} = Z_{a/2} \mu_{\bar{x}} = Z_{\frac{a}{2}} \frac{\sigma}{\sqrt{n}}$$

将上述公式整理可得到抽样推断所需要抽取的样本容量为

$$n = \frac{Z_{a/2}^2 \sigma^2}{\Delta_{\bar{x}}^2}$$

运用不重复抽样方法时,在一定的概率保证下,得到必要抽样单位数为

$$\Delta_{\bar{x}} = Z_{a/2} \mu_{\bar{x}} = Z_{a/2} \sqrt{\frac{\sigma^2}{n}\left(1 - \frac{n}{N}\right)}$$

将上述公式整理可得到抽样推断所需要抽要的样本容量为

$$n = \frac{Z_{a/2}^2 \sigma^2 N}{N\Delta_{\bar{x}}^2 + Z_{a/2}^2 \sigma^2}$$

同理,计算比率抽样时所需的样本容量为

重复抽样方法下有

$$n = \frac{Z_{a/2}^2 P(1-P)}{\Delta_p^2}$$

不重复抽样方法下有

$$n = \frac{Z_{a/2}^2 P(1-P)N}{N\Delta_p^2 + Z_{a/2}^2 P(1-P)}$$

【例 5-14】 某机构对某品牌营养品的蛋白质含量进行调查研究,据以往的检验显示:该品牌营养品的蛋白质含量为 28.7 g,其标准差为 12 g,蛋白质含量占总营养比率的 42%。要求用重复抽样方法,以 95% 的概率,蛋白质含量的允许误差不超过 5 g,营养比率的允许误差不超过 7%,计算应抽取多少盒营养品调查?

解:蛋白质含量的样本容量为

$$n = \frac{Z_{a/2}^2 \sigma^2}{\Delta_{\bar{x}}^2} = \frac{(1.96)^2 \times 12^2}{5^2} \text{盒} \approx 22.13 \text{盒}$$

营养比率的样本容量为

$$n = \frac{Z_{a/2}^2 P(1-P)}{\Delta_p^2} = \frac{1.96^2 \times 42\% \times (1-42\%)}{(7\%)^2} \text{盒} = 191 \text{盒}$$

计算结果说明,应抽取 191 盒营养品,即取最大的样本容量,以满足共同的调查要求。

第五节 参数估计

统计抽样的目的就是推断总体。根据抽样法的科学原理,利用样本指标估计总体指标,一是解决抽样方法问题,二是解决参数估计问题。前者包含抽样方式方法的选择,抽样误差计算,样本容量的确定等内容,前文已经讨论;后者包括参数估计的内容及方法等,下面予以讨论。

一、估计的内容

所谓抽样估计就是用所抽中的某一样本的统计量来估计总体参数,即就是用样本平均数或样本比率估计来总体平均数或总体比率所在的区间范围。

二、估计的要求

用样本统计量估计总体参数要符合三个标准,满足了这三个标准,就是优良的估计。

(1)无偏性。无偏性指用抽样统计量估计总体参数时,要求所有可能样本指标的平均数等于被估计的总体指标。

(2)一致性。一致性指用样本统计量估计总体参数时,要求随着样本容量 n 的无限增大,样本统计量和未知的总体参数之间的绝对离差值为任意小,且其可能性趋近于必然。

(3)有效性。有效性指用样本统计量估计总体参数时,要求作为优良估计量的方差应该比其他估计量的方差小。

三、估计的方法

(一)点估计

点估计也叫定值估计,就是把样本平均数($\bar{x}$)或样本比率(p)直接作为总体平均数($\bar{X}$)或总体比率(P)的估计值。不足之处是不能给出估计值接近总体参数的程度。

(二)区间估计

区间估计是在一定的概率保证下,以点估计为基础,给出总体参数估计的区间范围。这个估计区间称为置信区间。置信区间示意图如图5-6和图5-7。

图 5-6 置信区间示意图

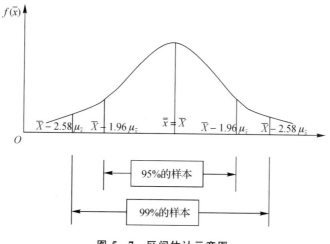

图 5-7 区间估计示意图

以简单随机抽样为例,总体平均数、总体成数的置信区间分别见表 5-11、表 5-12。

表 5-11　总体平均数的置信区间

条件	正态总体、方差已知;非正态总体的大样本		正态分布总体,方差未知且为小样本	非正态总体且为大样本
	重复抽样	不重复抽样		
置信区间	$\overline{X} = \bar{x} \pm z_{\frac{\alpha}{2}} \frac{\sigma}{\sqrt{n}}$	$\overline{X} = \bar{x} \pm z_{\frac{\alpha}{2}} \frac{\sigma}{\sqrt{n}} \sqrt{1 - \frac{n}{N}}$	$\overline{X} = \bar{x} \pm t_{\frac{\alpha}{2}(n-1)} \frac{s}{\sqrt{n}}$	样本方差代替

表 5-12　总体成数的置信区间

条件	服从正态分布或近似服从正态总体、大样本	
	重复抽样	有限、不重复
置信区间	$P = p \pm z_{\frac{\alpha}{2}} \sqrt{\frac{pq}{n}}$	$P = p \pm z_{\frac{\alpha}{2}} \sqrt{\frac{pq}{n}\left(1 - \frac{n}{N}\right)}$

其他抽样组织形式下参数估计与简单随机抽样没有本质区别,只不过在计算方差时存在着不同,此处不再赘述。

进行区间估计时,根据给定的条件和要求不同,存在两种估计方法。

1. 根据给定的置信度要求,推断总体参数的可能范围。

【例 5-15】　某高校进行一次英语测试,为了解考试情况,采用重复抽样方法随机抽取 100 名学生进行调查,调查结果得知,样本平均数为 76.6 分,方差为 129.44,要求在置信度为 95.45% 时估计该校学生英语平均考试成绩的置信区间。

解:总体分布形式和总体方差均未知,但 $n=100$,属于大样本,总体方差用样本方差来替代,置信区间用标准正态分布来计算。

第一步,根据样本指标计算抽样平均误差。

样本平均数为

$$\bar{x} = 76.6 \text{ 分}$$

标准差为

$$S = \sqrt{129.44} \text{ 分} = 11.38 \text{ 分}$$

抽样平均误差为

$$\mu_{\bar{x}} = \frac{S}{\sqrt{n}} = \frac{11.38}{\sqrt{100}} = 1.14$$

第二步,根据给定的置信度,计算抽样极限误差。$F(z) = 95.45\%$,查正态分布概率表得 $Z=2$,则抽样极限误差为

$$\Delta_{\bar{x}} = Z_{\alpha/2} \mu_{\bar{x}} = 2 \times 1.14 = 2.28$$

第三步,计算该校学生英语平均考试成绩置信区间。

下限为

第五章 抽样推断

$$\bar{x} - Z_{\frac{\alpha}{2}} \frac{S}{\sqrt{n}} = 76.6 - 2.28 = 73.32$$

上限为

$$\bar{x} + Z_{\frac{\alpha}{2}} \frac{S}{\sqrt{n}} = 76.6 + 2.28 = 78.88$$

可得该校学生英语平均考试成绩的置信区间为(74.32,78.88)。

【例 5-16】 某信用卡中心为了估计持卡人月平均透支金额,随机抽取 16 个持卡人组成样本进行调查。调查结果是样本的平均费用为 2 000 元,标准差为 1 000 元。假定所有持卡人透支金额都近似服从正态分布,试以 99% 的置信度推断所有持卡人平均透支金额的置信区间。

解:由于 $n=16<30$,属于小样本,需要利用 t 分布进行估计。

第一步,根据样本指标计算抽样平均误差。

样本平均数为

$$\bar{x} = 2\ 000 \text{ 元}$$

样本标准差为

$$S = 1\ 000 \text{ 元}$$

抽样平均误差为

$$\mu_{\bar{x}} = \frac{S}{\sqrt{n}} = 250 \text{ 元}$$

第二步,根据给定的置信度,计算抽样极限误差。查自由度为 $16-1=15$ 的 t 分布表,与置信度为 99% 对应的 $t=2.946\ 7$。

$$\Delta_{\bar{x}} = t \times \mu_{\bar{x}} = 2.946\ 7 \times 250 = 736.68$$

第三步,计算持卡人平均透支金额的置信区间。

下限有

$$\bar{x} - t_{\frac{\alpha}{2}(n-1)} \frac{s}{\sqrt{n}} = 2\ 000 - 736.68 = 1\ 263.32$$

上限有

$$\bar{x} + t_{\frac{\alpha}{2}(n-1)} \frac{s}{\sqrt{n}} = 2\ 000 + 736.68 = 2\ 736.68$$

在 99% 的置信度下,持卡人月平均透支金额在 1 263.32~2 736.68 之间。

【例 5-17】 某研究机构采取随机抽样方式抽查了某市 100 位就业女性,对其受教育程度进行调查。调查报告表明,35% 的就业女性拥有大学及以上文凭。试以 95.45% 的概率估计就业女性拥有大学及以上文凭比率的置信区间。

第一步,根据样本指标计算抽样平均误差。

样本成数为

$$p = 35\%$$

样本抽样标准差为

$$\sigma_p = \sqrt{p(1-p)} = 47.70\%$$

样本抽样平均误差为

$$\mu_p = \sqrt{\frac{p(1-p)}{n}} = \frac{47.70\%}{\sqrt{100}} = 4.77\%$$

第二步，根据给定的置信度，计算抽样极限误差。$F(z)=95.45\%$，查正态分布概率表得 $Z=2$，则抽样极限误差：

$$\Delta_p = Z_{\alpha/2}\mu_p = 2 \times 4.77\% = 9.54\%$$

第三步，计算该市拥有大学及以上文凭比率的置信区间。

$$(35\% - 9.54\%,\quad 35\% + 9.54\%)$$

即 $25.46\% \sim 44.54\%$。

【例 5-18】 对某地区大型、中小型企业销售利润率进行不重复抽样调查，分别抽取 8% 的企业作为样本，得到数据见表 5-14，对该地区企业平均销售利润率进行区间估计（置信度为 95%）。

表 5-14 某地区随机抽取的大型、中小型企业销售利润率情况

按企业规模分类	企业数/个	平均利润率/%	标准差/%
大型企业	32	25%	8
中小企业	68	20%	5
合计	100	21.60	—

解：第一步，根据样本指标计算抽样平均误差。

总的平均销售利润率为

$$\bar{x} = \frac{\sum xf}{\sum f} = \frac{25\% \times 32 + 20\% \times 68}{100} = 21.60\%$$

组内样本方差平均数为

$$\overline{S_i^2} = \frac{\sum_{i=1}^{2} S_i^2 n_i}{n} = \frac{0.08^2 \times 32 + 0.05^2 \times 68}{100} = 0.003\,748$$

抽样平均误差为

$$\mu_{\bar{x}} = \sqrt{\frac{\overline{S_i^2}}{n}\left(1 - \frac{n}{N}\right)} = \sqrt{\frac{0.003\,748}{100}(1 - 8\%)} = 0.59\%$$

第二步，根据给定的置信度，计算抽样极限误差。

抽样极限误差为

$$\Delta_{\bar{x}} = Z_{\alpha/2}\mu_{\bar{x}} = 1.96 \times 0.59\% = 1.16\%$$

第三步，计算平均销售利润率的置信区间。

$21.60\% \pm 1.16\%$，即 $20.44\% \sim 22.76\%$。

2. 根据已给定的抽样误差范围，求概率保证程度 $F(z)$。

【例 5-19】 某地区有 100 家大中型百货商场，其月营业额服从正态分布。以不重置

抽样方法从中随机抽取 30 家作为样本,调查其营业情况。测得样本月营业额平均为 550 万元,标准差为 65 万元,要求极限抽样误差不超过 10.66 万元,对该市大中型百货公司平均营业额、总营业额进行估计。

解:第一步,根据样本指标计算抽样平均误差。

$$\mu_{\bar{x}} = \sqrt{\frac{S^2}{n}\left(1-\frac{n}{N}\right)} = \sqrt{\frac{65^2}{100}\left(1-\frac{30}{100}\right)} = 5.44$$

第二步,根据给定的抽样极限误差,计算营业额的上限和下限。

平均营业额下限为

$$550 \text{ 万元} - 10.66 \text{ 万元} = 539.34 \text{ 万元}$$

平均营业额上限为

$$550 \text{ 万元} + 10.66 \text{ 万元} = 560.66 \text{ 万元}$$

总营业额下限为

$$100 \times 539.34 \text{ 万元} = 53\ 934 \text{ 万元}$$

总营业额上限为

$$100 \times 560.66 \text{ 万元} = 56\ 066 \text{ 万元}$$

第三步,根据 $z = \Delta_p / \mu_p = 1.96$,查概率表得出 $F(1.96) = 95\%$。

结果表明,以概率 95% 的保证程度,月平均营业额在 539.34~560.66 万元之间,总营业额在 53 934~56 066 万元之间。

【例 5-20】 某手机厂研发并生产一批新型号的手机投放到市场,为了了解这款手机销路,该厂调查喜欢这款手机的人数比率。在市场用重复抽样方法随机抽取了 800 人进行调查,喜欢这款手机的有 576 人,要求极限抽样误差不超过 3.20%,试对喜欢这款手机人数占比的可靠性进行估计。

解:第一步,计算样本指标,在此基础上计算抽样平均误差。

样本成数为

$$p = \frac{n_1}{n} = \frac{576}{800} = 72\%$$

样本抽样标准差为

$$\sigma_p = \sqrt{p(1-p)} = 45\%$$

样本抽样平均误差为

$$\mu_p = \sqrt{\frac{p(1-p)}{n}} = \frac{45\%}{\sqrt{800}} = 1.60\%$$

第二步,根据给定的抽样极限误差,计算总体成数估计值的上限和下限。

已知 $\Delta_p = 3.20\%$,则总体成数估计值区间为:$(72\% - 3.2\%, 72\% + 3.2\%)$,即为 68.8%~75.2%。

第三步,$Z = \Delta_p / \mu_p = 2$,可得 $F(2) = 95.45\%$

结果表明,以概率 95.45% 的保证程度,喜欢这款手机的比率在 68.8%~75.2% 之间。

重点和难点

(一)抽样推断概述

重点:抽样推断的含义、特点。

(二)抽样方法和组织方式

重点:常用的抽样方法(简单随机抽样、分层抽样、机械抽样、整群抽样)。

难点:常用的抽样方法的特点。

(三)抽样分布原理

重点:抽样分布的概念,样本平均数、比率、方差的抽样分布形式。

难点:抽样分布的理论基础及表现形式,抽样分布的特征。

(四)抽样误差

重点:抽样误差的概念、抽样平均误差、抽样极限误差、样本容量的确定。

(五)参数估计

重点:点估计的含义。

难点:区间估计的含义、置信水平。

同步综合练习

一、思考题

1. 什么是抽样估计？它有什么特点和作用？
2. 抽样估计的组织方式有哪些？分别有哪些特点？
3. 什么是抽样分布？举例说明样本平均数的抽样分布原理。
4. 什么是抽样误差？影响抽样误差大小的因素有哪些？
5. 为什么说不重复抽样的抽样平均误差总是小于重复抽样？
6. 抽样平均误差、抽样极限误差和概率保证程度三者之间有什么关系？
7. 什么是样本容量？影响样本容量大小的因素有哪些？
8. 评价统计量的优良标准有哪些？
9. 说明点估计和区间估计的含义和区别？
10. 说明什么是置信水平,并解释其含义。

二、计算题

1. 为了了解学生对学校伙食的满意程度,A 同学随机访问了 120 名女生,B 同学随机访问了 100 名男生,C 同学访问了 64 名男生和 64 名女生,其中大一、大二、大三、大四的男生和女生各 8 名,你认为哪位同学的抽样方法比较好？为什么？

2. 据统计,某外贸公司在过去一年中来自老客户的订单达到 45%。现随机抽取 100 个订单,样本中老客户订单所占比例为 p,请问:样本比例 p 的平均值、标准差是多少?样本比例 p 的抽样分布是什么?

3. 一家研究机构调查吸烟者每月在香烟上的消费。采用重复抽样的方式总共抽取了 100 名吸烟者作为样本,得到样本平均数为 180 元,样本标准差为 20 元,计算样本平均数的抽样平均误差,要求以 90% 的置信水平计算样本平均数的抽样极限误差。

4. 越来越多的企业开始选择投放互联网广告。在跟踪调查中,随机抽取了 300 人进行调查,对互联网广告较为满意的有 185 人,要求极限抽样误差不超过 5.5%,试对互联网广告满意的人数比例的可靠性进行估计。

5. 某品牌化妆品开发人员欲估计顾客的平均年龄,随机抽取了 20 位顾客进行调查,得到样本均值为 30 岁,样本标准差为 8 岁,假定顾客的年龄近似服从正态分布,试求该品牌化妆品全部顾客平均年龄置信度为 95% 的置信区间。

6. 为了调查某储蓄所定期存款情况,采用等距抽样方式从该储蓄所 400 户存款者中抽取了 36 户进行调查,得到样本平均数为 9 600 元,标准差为 80,计算样本平均数的抽样平均误差,对总体均值进行点估计,并用 95% 的置信水平对总体均值的置信区间进行估计?

7. 一家公司随机抽取了 100 个坏账,经计算,其平均余额为 6127 元,样本标准差为 725 元,试以 90% 的概率保证程度估计该公司的平均坏账余额区间。如今公司希望坏账极限误差不超过 35 元,置信度 95%,则应抽取多少份坏账?

8. 某地区有小麦耕地 8 000 公顷,按平原和山区地势面积等比例抽取 800 m² 来调查小麦产量,测得数据见表 5-15。

表 5-15 某地区小麦产量情况

地势分组	抽样面积/m²	样本平均产量/(kg·m⁻²)	亩产标准差/(kg·m⁻²)
平原	500	0.80	0.15
山区	300	0.55	0.24
合计	800	—	—

据上述资料,置信度为 95.45% 下,试估计该地区小麦平均平方米产量的区间范围。

9. 某公司对发往外地的商品包装数量进行开包检查,随机检查了 100 包,平均每包装有 99 件商品,测得标准差为 5 件。试用 95.45% 的概率保证程度估计这批货物平均每包装有商品件数的范围。如果其他条件不变,极限误差缩小为原来的 1/2,试问此时需要抽查多少包?

第六章 假设检验

在学习本章后,学生应能够熟练掌假设检验的步骤、一个总体均值的假设检验、一个总体成数(比率)的假设检验,了解假设检验中的两类错误、两个总体均值的假设检验、总体方差的检验等知识点。

假设检验是统计推断的另一种形式,是根据一定假设条件由样本推断总体的一种方法。假设检验的基本做法是:先对所研究的总体做出某种假设,然后根据样本信息来判断对所做的假设是做出接受还是拒绝的决定。可见,它是与参数估计不同的一种统计推断方法。假设检验分为参数检验和非参数检验。

第一节 假设检验基本理论

一、假设检验的基本思想

假设检验是指对总体的某些未知参数先做某种假设,然后抽取样本构造适当的统计量,对假设的正确性进行判断。例如:超市的促销活动是否带来了显著的效果(促销后的销售额是否和促销前销售额有没有差异)?引入新的技术,新的材质后,新产品是否比原来的产品质量高?两种品牌电池的使用寿命是否有差异?厂商声称产品质量符合标准,是否可信?吸烟是否与患肺癌有关系?广告中宣称85%以上的消费者满意其产品的质量,是否存在虚假宣传问题?是否改进汽车设计、采用新型燃油、控制尾气排放等一系列措施后,大气污染状况会比去年有所好转?等等。

假设检验的基本思想是带有概率特征的反证法,即逻辑上运用了反证法,统计上依据小概率原理,如图6-1所示。

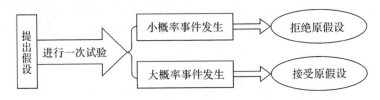

图 6-1 假设检验的基本思想

所谓小概率原理,就是认为小概率事件在一次试验中是几乎不可能发生的。小概率事件就是概率很小但不等于0的事件。例如,某地福利彩票30选7,中大奖的概率约为204

万分之一,中大奖的概率非常小。再比如,假定某种商品的次品率很低,在 100 件产品中,有一件是次品,随机从中取出一个产品是次品的事件就是小概率事件,我们有理由相信任意抽到一件产品正好是次品的事件几乎不可能。事实上,生活中我们也在无意识的情况下不断地使用这一原理。如一般情况下人们不会因为担心火车脱轨而不敢坐火车,不会因为担心飞机坠毁而不敢搭乘飞机等,就是因为所对应的事件很少发生,我们实际上就把它当成不发生而对待的缘故。概率小到什么程度算作"小概率事件"呢?这并没有绝对的标准,通常我们以显著性水平 $\alpha(0 < \alpha < 1)$ 作为小概率的界限。对不同的问题,检验的显著性水平不一定相同,但是一般应取较小的值,如 0.1、0.05 或 0.01 等。

反证法是假设检验所采用的逻辑推理方式。为了检验某个假设是否成立,先假设它是正确的,然后根据抽样理论和样本信息,一旦抽到的样本特征值落在小概率范围内,我们就拒绝假设,若样本特征值在大概率范围内,我们就接受假设。如刚才所举例子,如果确实出现了次品,那我们拒绝相信合格率很低的假定,认为这种商品的次品率很高。

二、假设检验的步骤

假设减压通常按下面的四个步骤进行。

(一)提出原假设和备择假设

原假设又称零假设,是正待检验的假设,往往是研究者收集证据想要推翻的假设,我们记为 H_0,如新的工艺或技术没有造成任何改变,新药没有任何疗效,变量间没有联系;备择假设是拒绝原假设后可供选择的假设,是研究者收集证据想要予以支持的假设,记为 H_1。

原假设和备择假设应根据所检验问题的具体背景而定。不过,原假设和备择假设必须是互斥的,等号必须出现在零假设中,它们中只有一个是正确的。接受 H_0 则必须拒绝 H_1;反之,拒绝 H_1,则必须接受 H_0。

假设的提出一般有三种形式,我们以检验总体均值为例,可以表示为:
(1) 双侧检验的假设:$H_0: \mu = \mu_0, H_1: \mu \neq \mu_0$。
(2) 左侧检验的假设:$H_0: \mu \geq \mu_0, H_1: \mu < \mu_0$(下限检验)。
(3) 右侧检验的假设:$H_0: \mu \leq \mu_0, H_1: \mu > \mu_0$(上限检验)。

左侧检验和右侧检验统称为单侧检验。采用哪种假设,要根据所研究的实际问题而定。如果对所研究的问题只需判断有无显著差异,那么一般采用双侧检验;如果所关心的问题具有方向性,要求判断总体参数是否大于或者小于某一个值,那么适合采用单侧检验,如想要检验不同行业职工平均工资有没有显著差异,不需要判断哪个大,应采用双侧检验;若环保部门想检验餐馆一天所有的快餐盒平均是否超过 500 个,应选取右侧检验。

(二)选择适当的统计量,并确定其分布形式

在参数的假设检验中,如同在参数估计中一样,要借助于样本统计量进行统计推断。用于假设检验问题的统计量称为检验统计量。

不同的假设检验问题需要选择不同的统计量作为检验统计量。恰当的统计量要做到:包含要检验的总体参数、分布是已知的,统计量的值要能够计算出来。常用的检验统计量有 Z 统计量、t 统计量、χ^2 统计量及 F 统计量等。统计量服从什么样的分布往往跟总体服从什么分布,样本是小样本还是大样本,总体方差是否已知等有密切关系。

(三)选择显著性水平 α,确定临界值(划分出拒绝域和接受域)

显著性水平表示 H_0 为真时拒绝 H_0 的概率,即拒绝原假设所冒的风险,用 α 表示。给定了显著性水平 α,就可由有关的概率分布表查得临界值,从而确定 H_0 的接受区域和拒绝区域。

对于不同形式的假设,H_0 的接受区域和拒绝区域也有所不同。

双侧检验的拒绝区域:位于统计量分布曲线的两侧,如图 6-2(a)所示。
左侧检验的拒绝区域:位于统计量分布曲线的左侧,如图 6-2(b)所示。
右侧检验的拒绝区域:位于统计量分布曲线的右侧,如图 6-2(c)所示。

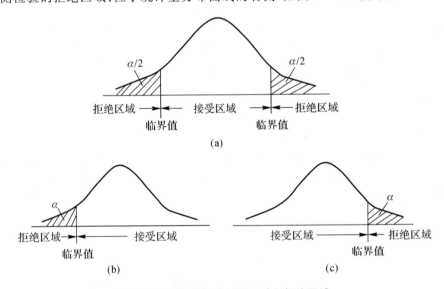

图 6-2 假设检验的接受区域和拒绝区域
(a)双侧检验;(b)左侧检验;(c)右侧检验

(四)将检验统计量的值与临界值比较(或用 P 值),得出结论

如果检验统计量的数值落在拒绝区域内,说明样本所描述的情况与原假设有显著性差异,应拒绝原假设;相反,如果检验统计量的数值落在接受区域内,说明样本所描述的情况与原假设没有显著性差异,应当接受原假设。

还可以用 P 值进行决策。P 值就是当原假设为真时,检验统计量大于或等于实际观测值的概率。如果 P 值越小,说明这种情况发生的概率很小,根据小概率原理,我们就有理由拒绝原假设。P 值越小,我们决绝原假设的理由就越充分。这种检验方式的优点是不需要查表,直接用计算出来的 P 值与显著性水平进行比较,就可以得出结论。

三、假设检验中的两类错误

假设检验是根据样本所提供的信息进行判断的,即由部分来推断总体,因此假设检验不可能绝对准确,假设检验的各种可能结果见表 6-1。

表 6-1 假设检验的四种可能结果

	接受 H_0	接受 H_1
H_0 为真	正确 概率$=1-\alpha$	第一类错误（弃真错误） 概率$=\alpha$
H_1 为真	第二类错误（取伪错误） 概率$=\beta$	正确 概率$=1-\beta$

表 6-1 中可以看出，假设检检验有可能犯两类错误：

第一类错误是原假设 H_0 本来正确，但检验统计量的实测值在拒绝域，按检验规则要拒绝原假设，接受备择假设 H_1。犯这类错误的概率为 $P($拒绝 H_0/H_0 为真$)=\alpha$，α 也称作弃真错误。

另一类错误是原假设 H_0 本来不正确，但却被我们接受了，犯这类错误的概率用 β 来表示，也称作 β 错误或取伪错误。

一个优良的假设检验准则应该使犯两类错误的概率均尽可能小。但一般说来，当样本容量给定时，犯两类错误的概率不能同时减小，若减小其中之一，另一个往往就会增加，二者不能兼顾。同时减少这两种错误的唯一办法是增加样本容量。

第二节 总体均值的假设检验

一、一个总体均值的假设检验

对一个总体均值的检验是检验当前的总体均值是否和事先假设的总体均值存在显著性差异。如检验 2014 年某地区职工平均工资与 2013 年相较是否有显著差异？新技术引进后手机的待机时间是否有所提高？今年的新生儿平均体重与过去十年相比是否有显著差异？

在进行总体均值的检验过程中，要特别注意检验统计量和拒绝域的选取。这与总体是否服从正态分布、总体方差是否已知及样本大小有密切关系。表 6-2 说明检验统计量的选择。接下来结合表中内容进行说明。

表 6-2 检验统计量选择表

总体类型	条件	检验统计量	H_0、H_1	拒绝域
1	正态或非正态总体 $n\geqslant 30$	$Z=\dfrac{\overline{x}-\mu_0}{\sigma/\sqrt{n}}$ (σ^2 已知) $Z=\dfrac{\overline{x}-\mu_0}{s/\sqrt{n}}$ (σ^2 未知)	(1) $H_0:\mu=\mu_0$ $H_1:\mu\neq\mu_0$	$\|Z\|\geqslant Z_{\frac{\alpha}{2}}$
			(2) $H_0:\mu\leqslant\mu_0$ $H_1:\mu>\mu_0$	$Z\geqslant Z_\alpha$
			(3) $H_0:\mu\geqslant\mu_0$ $H_1:\mu<\mu_0$	$Z\leqslant -Z_\alpha$

续表

总体类型	条件	检验统计量	H_0、H_1	拒绝域
2	正态总体 $n<30$ σ^2 未知	$t=\dfrac{\bar{x}-\mu_0}{S/\sqrt{n-1}}$	(1) $H_0:\mu=\mu_0$ $H_1:\mu\neq\mu_0$	$\|t\|\geqslant t_{\alpha/2}(n-1)$
			(2) $H_0:\mu\leqslant\mu_0$ $H_1:\mu>\mu_0$	$t\geqslant t_\alpha(n-1)$
			(3) $H_0:\mu\geqslant\mu_0$ $H_1:\mu<\mu_0$	$t\leqslant t_\alpha(n-1)$

(一) Z 检验法(大样本)

从表 6-2 列出的第一种类型可看出,在大样本($n\geqslant30$)条件下,无论总体是否服从正态分布,根据中心极限定理可知样本平均数的抽样分布近似服从正态分布 $\bar{X}\sim N(\mu,\sigma^2/n)$,因此都可以使用 Z 统计量作为检验统计量。

当总体方差已知时,采用如下统计量:

$$Z=\frac{\bar{x}-\mu_0}{\dfrac{\sigma}{\sqrt{n}}}$$

当总体方差未知时,采用如下统计量:

$$Z=\frac{\bar{x}-\mu_0}{\dfrac{s}{\sqrt{n}}}$$

给定显著水平 α,对于不同的假设,检验规则是不同的,见表 6-2。

(1) $H_0:\mu=\mu_0$,$H_1:\mu\neq\mu_0$(双侧检验)。查表要查 $Z_{\frac{\alpha}{2}}$,拒绝域在两侧:若 $|Z|\geqslant Z_{\frac{\alpha}{2}}$,拒绝原假设;若 $|Z|<Z_{\frac{\alpha}{2}}$,接受原假设。

(2) $H_0:\mu\leqslant\mu_0$,$H_1:\mu>\mu_0$(右侧检验)。查表要查 Z_α,拒绝域在右侧:若 $Z\geqslant Z_\alpha$,拒绝原假设;若 $Z<Z_\alpha$,接受原假设。

(3) $H_0:\mu\geqslant\mu_0$,$H_1:\mu<\mu_0$(左侧检验)。查表要查 Z_α,拒绝域在左侧,Z 为负值,因此:若 $Z\leqslant-Z_\alpha$,则拒绝原假设;若 $Z>-Z_\alpha$,接受原假设。

【例 6-1】 2013 年某市职工月平均工资为 4 500 元,标准差为 500 元。现在随机抽取 100 人进行调查,得出 2014 年样本平均工资为 4 650 元。试在 $\alpha=0.05$ 的显著性水平下,推断 2014 年职工平均工资与 2013 年没有显著差异?

解:(1) 提出假设:

$H_0:\mu_0=4\ 500$;$H_1:\mu_0\neq4\ 500$。

根据题目中所问"2014 年职工平均工资与 2013 年没有显著差异"问题可知,我们只需判断是否存在显著差异,不需要考虑大于还是小于 2013 年平均工资,所以是双侧检验。

(2) 构造检验统计量。根据题意 $n=100$,属于大样本,总体的平均值及标准差已知,则

样本平均值服从正态分布 $\bar{X} \sim N(\mu, \sigma^2/n)$,因此选择 Z 统计量:

$$Z = \frac{\bar{x} - \mu_0}{\frac{\sigma}{\sqrt{n}}} = \frac{4\,650 - 4\,500}{\frac{500}{\sqrt{100}}} = 3$$

(3)给定显著性水平 $\alpha=0.05$,由于是双侧检验,两边拒绝的概率分别是 0.025,接受区间的概率为 $1-0.05=0.95$,查正态分布表可得临界值 $Z_{0.025}=1.96$。可知,若 $Z>1.96$ 或 $Z<-1.96$,则小概率事件发生,拒绝原假设;若 $-1.96<Z<1.96$,则大概率事件发生,接受原假设,如图 6-3 所示。

(4)比较并做出检验判断。样本统计量 $Z=3>1.96$,如图 6-3 所示,小概率事件发生,所以拒绝原假设,在显著性水平 $\alpha=0.05$ 的条件下,认为 2014 年该市职工的平均工资较 2013 年有显著变化。

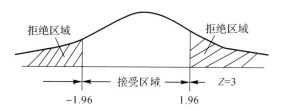

图 6-3 假设检验接受域和拒绝域

【**例 6-2**】 某厂生产的某品牌手机待机时间为 20 h,标准差为 1.5 h,企业改进生产技术工艺后,从新生产的一批手机中随机抽取 300 部,测得平均待机时间为 21 h,能否据此判断生产技术工艺改进后该手机的待机时间有显著增加($\alpha=0.01$)?

检验步骤如下:

(1)提出的问题看出,这里不仅关心手机待机时间有无差异,还关心手机待机时间差异的方向,即手机待机时间是否延长。因此是右侧检验。

提出原假设和备择假设:

$H_0: \mu_0 \leqslant 20$;$H_1: \mu_0 > 20$。

(2)构造检验统计量。因为总体分布已知,大样本,所以样本平均值仍然服从正态分布,$\bar{X} \sim N(\mu_0, \sigma^2/n)$,所以检验的统计量为

$$Z = \frac{\bar{x} - \mu_0}{\frac{\sigma}{\sqrt{n}}} = \frac{21 - 20}{\frac{1.5}{\sqrt{300}}} \approx 11.55$$

(3)根据给定显著性水平 $\alpha=0.01$,查正态分布表可得,确定临界值 $Z_{0.01}=2.34$。

(4)比较并做出检验判断。$Z=11.55>Z_\alpha=2.34$,小概率事件发生,说明在 $\alpha=0.01$ 的条件下,该厂手机待机时间有显著增加。

【**例 6-3**】 有一家餐馆准备转让,该餐馆的经理声称,每天的营业额至少为 1 000 元。现有一位购买者,查看了过去两个月的账目,发现两个月平均每天的营业额仅为 990 元,$s=250$。试分析,显著性水平 $\alpha=0.05$ 下,这家餐馆的经理是否高估了每天的平均营业额?

检验步骤如下:

(1) 与上个例子不同,这是一个左侧检验问题,关心的是餐馆营业额是否低于1 000,因此提出原假设和备择假设为

$H_0: \mu_0 \geqslant 1\,000; H_1: \mu_0 < 1\,000$。

(2) 构造检验统计量。虽然总体分布未知,但因是大样本,所以检验的统计量仍然是 Z 统计量,即

$$Z = \frac{\bar{x} - \mu_0}{\frac{s}{\sqrt{n}}} = \frac{990 - 1\,000}{\frac{250}{\sqrt{60}}} = -0.31$$

(3) 根据给定显著性水平 $\alpha = 0.05$,查正态分布表可得,确定临界值 $-Z_\alpha = -1.65$。

(4) 比较并做出检验判断。$Z = -0.31 > -Z_\alpha = -1.65$,落在接受域范围,大概率事件发生,说明在 $\alpha = 0.05$ 的条件下,该餐馆经理并没有高估每天的平均营业额。

(二) t 检验法(正态总体方差未知,小样本)

当研究总体分布为正态分布时,样本容量 $n < 30$,总体方差未知时,即如表6-2中所述的第2类型,则要选择 t 检验法,检验统计量表达式及分布情况如下:

$$t = \frac{\bar{x} - \mu_0}{\frac{s}{\sqrt{n-1}}} \sim t(n-1)$$

t 分布图和正态分布图相似,都是对称分布,取值范围都是从 $-\infty$ 到 $+\infty$,区别是 t 分布的峰度较扁平,而且对于不同的自由度都有相应的 t 分布临界值,不过当样本容量 n 逐渐增大时,t 分布就会渐近于正态分布,如果样本容量大于30,就可以用正态分布来取代 t 分布。如图6-4所示。

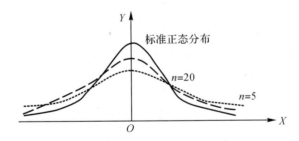

图6-4 不同自由度下的 t 分布和标准正态分布图

确定好统计量之后,要注意给定显著水平 α,三种假定形式的检验规则有。

(1) $H_0: \mu = \mu_0; H_1: \mu \neq \mu_0$(双侧检验)。查表要查 $t_{\frac{\alpha}{2}}(n-1)$,拒绝域在两侧:若 $|t| \geqslant t_{\frac{\alpha}{2}}(n-1)$,拒绝原假设;若 $|t| < t_{\frac{\alpha}{2}}(n-1)$,接受原假设。

(2) $H_0: \mu \leqslant \mu_0; H_1: \mu > \mu_0$(右侧检验)。查表要查 $t_\alpha(n-1)$,拒绝域在右侧:若 $t \geqslant t_\alpha(n-1)$,拒绝原假设;若 $t < t_\alpha(n-1)$,接受原假设。

(3) $H_0: \mu \geqslant \mu_0; H_1: \mu < \mu_0$(左侧检验)。查表要查 $t_\alpha(n-1)$,拒绝域在左侧,t 为负值,因此:若 $t \leqslant -t_\alpha(n-1)$,则拒绝原假设;若 $Z > -Z_\alpha$,接受原假设。

【例6-4】 某旅行社根据过去资料对七日游游客的购物金额进行分析,发现游客在景点购物开销服从正态分布,平均值为2 000元。今年旅行社云南游路线有所改变,抽取了20

位游客,研究了七日的开销平均值是 2 080 元,标准差为 200 元。问旅游路线发生变化后,游客的购物金额是否有显著变化?

检验步骤如下:

(1)提出原假设和备择假设:

$H_0: \mu_0 = 2\,000; H_1: \mu_0 \neq 2\,000$。

(2)构造检验统计量并计算抽样结果。

$$t = \frac{\bar{x} - \mu_0}{\frac{s}{\sqrt{n}}} = \frac{2\,080 - 2\,000}{\frac{200}{\sqrt{20-1}}} = 1.74$$

(3)根据给定显著性水平 $\alpha = 0.05$,查 t 分布表可得,确定临界值 $t_{0.025}(20-1) = 2.093$。

(4)比较并做出检验判断。$t = 1.74 < t_\alpha(20-1)$,大概率事件发生,接受原假设。这说明在 $\alpha = 0.05$ 的条件下,旅游线路的改变并没有提高游客的平均购物金额。

【例 6-5】 某学校教师在分析学生期末成绩时,指出学生上网时间过长是导致成绩下滑的重要原因,他认为学生每天上网时间服从正态分布,平均上网时间至少为 6 h。教务处开始调查,随机抽取了 25 位学生,发现这些学生上网时间平均为 6.7 h,且标准差为平均每天 1.5 h。这一调查结果是否支持老师的观点?

检验步骤如下:

(1)提出原假设和备择假设:

$H_0: \mu_0 \leq 6; H_1: \mu_0 > 6$。

(2)构造检验统计量并计算抽样结果,即

$$t = \frac{\bar{x} - \mu_0}{\frac{s}{\sqrt{n}}} = \frac{6.7 - 6}{\frac{1.5}{\sqrt{25-1}}} = 2.29$$

(3)根据给定显著性水平 $\alpha = 0.05$,查 t 分布表可确定临界值 $t_\alpha(25-1) = 1.711$。

(4)比较并做出检验判断。$t = 2.29 > t_\alpha(25-1) = 1.711$,小概率事件发生,拒绝原假设。这说明在 $\alpha = 0.05$ 的条件下,教师的观点是正确的,该校学生每天上网时间超过 6h。

二、两个总体均值的假设检验

在现实社会经济生活中,经常会遇到检验两个正态总体的均值是否相等的问题。例如:市场上有两种药,其中哪种的药效更好,有无显著差异?某校各个专业学生英语成绩是否有显著差异?城市新生儿平均体重是否高于农村新生儿平均体重?两个行业平均工资是否相差 500 元?这时就要对两个总体均值进行检验。

两个总体均值之差的假设检验包括三种类型,见表 6-3。

表 6-3 两个总体均值之差的检验类型

类型	H_0	H_1
1	$\mu_1 = \mu_2$	$\mu_1 \neq \mu_2$
2	$\mu_1 \leq \mu_2$	$\mu_1 > \mu_2$
3	$\mu_1 \geq \mu_2$	$\mu_1 < \mu_2$

(一) Z 检验法(大样本)

在大样本($n \geq 30$)条件下,无论两个总体是否服从正态分布,两个样本均值之差 $\overline{x_1} - \overline{x_2}$ 的抽样分布近似服从正态分布,$\overline{x_1} - \overline{x_2} \sim N(\mu_1 - \mu_2, \frac{\sigma_1^2}{n_1} + \frac{\sigma_2^2}{n_2})$。

当总体方差已知时,采用如下统计量:

$$Z = \frac{[(\overline{x_1} - \overline{x_2}) - (\mu_1 - \mu_2)]}{\sqrt{\frac{\sigma_1^2}{n_1} + \frac{\sigma_2^2}{n_2}}}$$

当总体方差未知时,采用如下统计量:

$$Z = \frac{[(\overline{x_1} - \overline{x_2}) - (\mu_1 - \mu_2)]}{\sqrt{\frac{s_1^2}{n_1} + \frac{s_2^2}{n_2}}}$$

检验规则与一个总体均值第一种情况一致,因此不再介绍。

【例 6-6】 某健身俱乐部近期开了两个健身班,分别推出两种减肥方案 A 和 B,并对其减肥瘦身效果进行数据分析,现从两个健身班分别抽取 $n_1=40, n_2=35$ 的样本,A 方案平均减肥重量为 $\overline{x_1}=2.35$ kg,$S_1=0.75$ kg,B 方案平均减肥重量为 $\overline{x_2}=2.70$ kg,$S_2=0.95$ kg。试以 5% 的显著性水平判断 A、B 方案在减肥效果上是否有显著差别?

检验步骤如下:
(1)提出原假设和备择假设:
$H_0: \mu_1 = \mu_2$;$H_1: \mu_1 \neq \mu_2$。
(2)构造检验统计量并计算抽样结果,即

$$Z = \frac{(\overline{x_1} - \overline{x_2}) - (\mu_1 - \mu_2)}{\sqrt{\frac{s_1^2}{n_1} + \frac{s_2^2}{n_2}}} = \frac{(2.35 - 2.70) - 0}{\sqrt{\frac{0.75^2}{40} + \frac{0.95^2}{35}}} = -1.75$$

(3)给定显著性水平 $\alpha = 0.05$,查正态分布表可得临界值 $Z_{0.025} = 1.96$。
(4)比较并做出检验判断。$|Z| < Z_{0.025} = 1.96$,大概率事件发生,接受原假设。这说明在 $\alpha = 0.05$ 的条件下,两种减肥方案没有显著差异。

(二) t 检验法(小样本)

当两个正态总体的方差未知但相等,且为小样本时,采用 t 检验法。选取检验统计量:

$$t = \frac{(\overline{x_1} - \overline{x_2}) - (\mu_1 - \mu_2)}{s\sqrt{\frac{1}{n_1} + \frac{1}{n_2}}}$$

其中

$$s = \sqrt{\frac{(n_1 - 1)s_1^2 + (n_2 - 1)s_2^2}{n_1 + n_2 - 2}}$$

当原假设成立时,统计量 t 服从自由度为 $n_1 + n_2 - 2$ 的 t 分布。给定显著水平 α,检验规则与一个正态总体的 t 检验基本类似,只是自由度不同,临界值也不同,在此不重复介绍。

第三节 总体成数与方差的假设检验

一、总体成数(比率)的检验

(一)一个总体成数(比率)的假设检验

常用符号 P 代表总体成数(比率)(如产品合格率、老年人口比重、吸烟率、大学生就业率等)。对总体成数(比率)进行显著性检验,当 n 很大,np(或者 nq)大于 5 时,二项分布可以用正态分布来近似替代。总体成数的假设检验统计量为

$$Z = \frac{p-P}{\sqrt{\frac{p(1-p)}{n}}}$$

总体成数的检验也包括下面三种类型:

$$\begin{cases} H_0: P = P_0 \\ H_1: P \neq P_0 \end{cases} \quad \begin{cases} H_0: P \geq P_0 \\ H_1: P < P_0 \end{cases} \quad \begin{cases} P \leq P_0 \\ P > P_0 \end{cases}$$

根据前面讲的总体均值的检验规则可以对总体成数进行检验。

【例 6-7】 某网站声称,网上购物已经成为某市大学生购物的重要方式,购买服装的开销占到大学生消费额的 70%。某校学生对此持怀疑态度,因此去该市各大高校随机抽取了 40 人,调查结果发现这 40 人的服装花费占比 65%,根据这份调查结果,学生是否可以推翻该网站给出的数据($\alpha = 0.05$)?

检验步骤如下:

(1)提出原假设和备择假设:
$H_0: P = P_0$;$H_1: P \neq P_0$。

(2)构造统计量并计算抽样结果,即

$$Z = \frac{p - P_0}{\sqrt{\frac{P_0(1-P_0)}{n}}} = \frac{65\% - 70\%}{\sqrt{\frac{0.7 \times 0.3}{40}}} = -0.69$$

(3)给定显著性水平 $\alpha = 0.05$,查正态分布表可得临界值 $Z_{0.025} = 1.96$。

(4)比较并做出检验判断。$|Z| < Z_{0.025} = 1.96$,大概率事件发生,接受原假设。这说明在 $\alpha = 0.05$ 的条件下,学生不能推翻该网站给出的 70% 的比重,该市学生网络购物中衣服占的比重比较大。

【例 6-8】 某公司在广告中宣称 85% 以上的消费者满意其产品的质量,研究机构想要调查是否存在虚假宣传问题,随机抽样调查了 360 位消费者,其中有 288 人表示满意该产品质量,在显著性水平 $\alpha = 0.05$ 的条件下,试问:该公司广告中是否存在虚假宣传问题?

检验步骤如下:

(1)提出原假设和备择假设:
$H_0: P \geq P_0$;$H_1: P < P_0$。

(2)构造统计量并计算抽样结果,即

$$Z = \frac{p - P_0}{\sqrt{\dfrac{P_0(1-P_0)}{n}}} = \frac{288/360 - 85\%}{\sqrt{\dfrac{0.85 \times 0.15}{360}}} = -2.66$$

(3)给定显著性水平 $\alpha = 0.05$,查正态分布表可得临界值 $Z_{0.05} = 1.645$。

(4)比较并做出检验判断。$Z < -Z_{0.05} = -1.645$,小概率事件发生,拒绝原假设。这说明在 $\alpha = 0.05$ 的条件下,该公司广告中存在虚假宣传问题,消费者的满意度显著低于85%。

(二)两个总体成数之差的假设检验

两个总体成数之差的检验包括表6-4中的三种类型。

表6-4 两个总体成数之差的检验类型

类型	H_0	H_1
1	$P_1 = P_2$	$P_1 \neq P_2$
2	$P_1 \leqslant P_2$	$P_1 > P_2$
3	$P_1 \geqslant P_2$	$P_1 < P_2$

可以证明,当 $n_1 p_1$、$n_1 q_1$ 和 $n_2 p_2$、$n_2 q_2$ 都大于5时,两个样本成数之差的抽样分布近似地服从均值为 $P_1 - P_2$,方差为 $\dfrac{p_1(1-p_1)}{n_1} + \dfrac{p_2(1-p_2)}{n_2}$ 的正态分布,可采用 Z 统计量。

【例6-9】 某商场管理部门为了解顾客对商场服务态度是否满意,随机调查男女顾客各1 000名,其中表示满意的女性为750人,男性为650人,试问男女顾客对商场服务态度的满意程度是否有差异?

假定 P_1 为女性顾客对商场服务满意的比例,P_2 为男性顾客对商场服务满意的比例,$n_1 = 1\,000$ 为被调查的女性顾客人数,$n_2 = 1\,000$ 为被调查的男性顾客人数,$m_1 = 750$ 为对商场服务态度满意的女性顾客人数,$m_2 = 650$ 为对商场服务态度满意的男性顾客人数。

检验步骤如下:

(1)提出原假设和备择假设:
$H_0: P_1 = P_2$;$H_1: P_1 \neq P_2$。

(2)构造检验统计量并计算抽样结果,即

$$Z = \frac{p_1 - p_2}{\sqrt{P_1(1-P_1)\left(\dfrac{1}{n_1} + \dfrac{1}{n_2}\right)}} = \frac{0.75 - 0.65}{\sqrt{0.7 \times 0.3 \times \left(\dfrac{1}{1\,000} + \dfrac{1}{1\,000}\right)}} = 4.88$$

式中:P 为总体成数,因其未知,所以需要用样本来估算,即

$$\hat{P} = \frac{m_1 + m_2}{n_1 + n_2} = \frac{750 + 650}{1\,000 + 1\,000} = 0.7$$

(3)给定显著性水平 $\alpha = 0.05$,查正态分布表可得临界值 $Z_{0.025} = 1.96$。

(4)比较并做出检验判断。$|Z| > Z_{0.025} = 1.96$,小概率事件发生,拒绝原假设。这说明在 $\alpha = 0.05$ 下,男女顾客对商场服务有显著差异。

二、总体方差的检验

方差是衡量变量的离散程度、研究生产的均衡性、产品质量的稳定性等常用的指标,也

是正态总体的重要参数之一。所以对总体方差的检验也是常见的一类假设检验问题。

(一)一个总体方差的检验

我们知道样本方差 $s^2 = \dfrac{\sum_{i=1}^{n}(x_i - \bar{x})^2}{n-1}$ 是总体方差 σ^2 的无偏估计量,并且 $\chi^2 = \dfrac{(n-1)S^2}{\sigma^2} \sim \chi^2(n-1)$ 分布。因此检验统计量为

$$\chi^2 = \dfrac{(n-1)S^2}{\sigma^2}$$

【例 6-10】 某事业单位进行改革,要求对项目审批时,减少审批环节,缩短审批时间,提高办事效率。规定的标准是审批时间的方差小于或等于 20。现随机抽取 15 个企业,调查项目审批的时间,并计算样本方差为 $s^2 = 23$。根据该样本的证据,在给定 $\alpha = 0.05$ 情况下,是否可以得出结论认为该事业单位的改革并没有达到规定的标准呢?

检验步骤如下:

(1)提出原假设和备择假设:

$H_0: \sigma^2 \leqslant 20; H_1: \sigma^2 > 20$。

(2)构造检验统计量并计算抽样结果,即

$$\chi^2 = \dfrac{(n-1)S^2}{\sigma^2} = \dfrac{(15-1) \times 23}{20} = 16.10$$

(3)给定显著性水平 $\alpha = 0.05$,查 χ^2 分布表可得临界值 $\chi^2_{0.05}(15-1) = 24.996$。

(4)比较并做出检验判断。由于 $\chi^2 = 16.1 < \chi^2_{0.05}(15-1) = 24.996$,所以我们不能拒绝 H_0,认为该事业单位的改革达到规定的标准。

(二)两个总体方差之比的假设检验

为了比较两个未知的总体方差,我们用两个样本方差的比来判断,如果 S_1^2/S_2^2 接近于 1,说明两个总体方差很接近;若比值结果远大于 1,说明差异很大。两个方差之比服从 F 分布,即

$$F = \dfrac{S_1^2}{\sigma_1^2} \Big/ \dfrac{S_2^2}{\sigma_2^2}$$

当 $\sigma_1^2 = \sigma_2^2$ 成立时,有

$$F = S_1^2/S_2^2 \sim f(n_1 - 1, n_2 - 1)$$

式中:$n_1 - 1$ 为分子自由度;$n_2 - 1$ 为分母的自由度。

【例 6-11】 有人说,初中升高中后男生的学习成绩会比女生好。现在从一个学校中随机抽取了 22 名男生和 25 名女生,对他们进行了同样题目的测试。测试结果:男生的平均成绩为 83 分,方差为 56,女生的平均成绩为 80 分,方差为 49。假设显著性水平 $\alpha = 0.05$,试分析高中的男、女生成绩是否有显著差异?

检验步骤如下:

(1)提出原假设和备择假设:

$H_0: \sigma_1^2 = \sigma_2^2; H_1: \sigma_1^2 \neq \sigma_2^2$。

(2)构造检验统计量并计算抽样结果,即

$$F = S_1^2/S_2^2 = \frac{56}{49} = 1.14$$

(3)给定显著性水平 $\alpha=0.05$,查 F 分布表可得临界值 $F_{0.025}(21,24)=2.27$。

(4)比较并做出检验判断。由于 $F=1.14 < F_{0.025}(21,24)=2.27$,所以我们不能拒绝 H_0,即认为高中的男、女生成绩没有显著差异。

重点和难点

(一)假设检验基本理论

重点:假设检验的步骤。

难点:假设检验中的两类错误。

(二)总体均值的假设检验

重点:一个总体均值的假设检验。

难点:两个总体均值的假设检验。

(三)总体成数与方差的假设检验

重点:一个总体成数(比率)的假设检验。

难点:总体方差的检验。

同步综合练习

一、思考题

1.假设检验和参数估计有什么不同?

2.假设检验的基本思路和具体步骤是什么?

3.什么是假设检验中的显著性水平?

4.显著性水平相同时,双侧检验和单侧检验的拒绝域是否相同?

5.什么是假设检验中的两类错误?两类错误之间存在什么样的数量关系?

二、计算题

1.有关资料显示:2013 年某市人均居住面积为 10.5 m²,标准差为 4.7 m²。现从该市中随机抽取 500 人,调查并计算得人均居住面积为 11.2 m²。能否在 0.01 的显著性水平下,认为该市人均居住面积有所增大?

2.某型号的汽车轮胎寿命(单位:km)服从正态分布,其平均耐用寿命为 35 000 km。现在从某厂生产的轮胎中随机取 10 个进行耐用寿命测试,结果如下:

35 400	35 600	35 300	34 900	35 500
34 800	35 000	34 800	35 200	35 700

根据以上数据,检验该厂轮胎的耐用寿命是否存在显著性的差异($\alpha=0.05$)?

3. W城市F房地产公司关于A商业区商品房价值的报告(简称"报告")显示,商品房的平均价值低于480 000元。某调查机构从该商业区随机调查了由40套商品房组成的一个样本,得出的调查结果是,其商品房的平均价值为450 000元,标准差为120 000元。要求:在0.05的显著水平下,判断是否支持"报告"中的说法?

4. 某车险公司对投保人最近4年的索赔情况进行抽样调查,其中,500个单身投保人中有48人索赔,800个已婚投保人中有90人索赔,显著性水平为0.05,能否判断已婚投保人的索赔率高于单身投保人?

5. 根据第六次人口普查资料显示,在某地区受教育人口中,具有大学本科及其以上文化程度的人数占9.8%。现从该地区受教育人口中简单随机抽样一个容量为500人的样本进行观察,得知达到上述文化程度的有60人。在$\alpha=0.05$的显著性水平下,判断该地区人口大学本科以上受教育程度与普查结果相对比是否有显著上升?

6. 一位顾客在办理银行业务时投诉业务办理速度太慢,等待时间过长。银行声明"顾客等待服务的时间多于8 min的人数不超过一半"。该顾客从办理业务的人中收集数据,发现50人中有29人等待时间超过8 min。在0.05的显著性水平下,说明这位顾客有充分证据否定银行的声明吗?

7. 根据第六次人口普查资料显示,某市老年人口比重为15.7%,为了检验该数据是否真实,老年人口研究会有随机抽选400名居民调查,发现年龄在65岁以上的有62人,问随机调查的结果是否支持该市老年人口比重为15.7%($\alpha=0.05$)?

8. 一个金融分析师研究两支股票的波动情况。分别调查了A和B两只股票60天的成交价格数据,并计算出两只股票的样本方差:A股票的样本方差为11.59,B股票的样本方差为19.31。使用0.05的显著性水平判断两支股票的风险是否存在显著差异?

第七章 时间数列分析

在学习本章后,学生应能够熟练掌握时间数列的概念、发展水平、平均发展水平、增长水平、平均增长水平等水平的计算、发展速度、增长速度、平均发展速度、平均增长速度等速度指标的计算,了解移动平均法、最小平方法等知识点。

社会经济现象在运动中具有一定的动、静态特征和规律性,为了全面认识社会经济现象的运动状态,不仅要从静态上研究现象的数量关系及特征,而且要从动态上探索现象的数量变化过程及规律性,为预测未来和规划发展提供科学依据。在此运用时间数列分析方法,揭示社会经济现象变化的动态数量规律。

第一节 时间数列概述

一、时间数列的概念及作用

时间数列是指将某种统计指标的不同数值按照时间先后顺序排列所成的数列,也称时间序列或动态数列。

【例7-1】 表7-1是反映我国国民经济若干基本情况的统计指标时间序列。

表7-1 我国若干国民经济统计指标时间数列

年份	GDP 亿元	年末人口 万元	全员劳动生产率 元/人	外汇储备 亿元	社会消费品零售总额 亿元
2010	408 903	134 091	53 827	28 473	156 998
2011	484 124	134 735	58 705	31 811	183 919
2012	534 123	135 404	63 005	33 116	210 307
2013	588 019	136 072	67 602	38 213	237 810
2014	636 463	136 782	72 313	38 430	262 394

资料来源:2014年国民经济和社会发展统计公报及国家统计局网站。

从表中可以看出,时间数列由现象所属的不同时间和现象在不同时间上的指标数值两个基本要素构成。

时间数列的作用表现在:①描述现象随时间发展变化的状态和结果;②探索现象发展变

化的规律性;③预测现象发展变化的趋势。

二、时间数列的种类

按构成时间数列的指标表现形式不同,时间数列可分为总量指标时间数列、相对指标时间数列和平均指标时间数列,如图 7-1 所示。

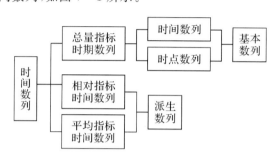

图 7-1　时间数列的分类

(一)总量指标时间数列

总量指标时间数列是指把某类总量指标数值按时间顺序依次排列而形成的数列。它反映社会经济现象在不同时间状态所达到的绝对水平。总量指标时间数列按照统计指标的时间特征不同,又可分为时期数列和时点数列。时期数列是指由时期指标数值按照时间顺序依次排列而形成的数列。例如:表 7-1 中的时期数列有 GDP 数列和社会消费品零售总额数列;时点数列有年末人口数列、外汇储备数列。

(二)相对指标时间数列

相对指标时间数列是把某类相对指标数值按照时间顺序依次排列而成的数列,它可以反映出社会经济现象之间的相互联系及其发展变化情况。如表 7-1 中的全员劳动生产率数列就是相对指标时间序列。

(三)平均指标时间数列

平均指标时间数列是把某一同类平均指标数值按照时间顺序依次排列而成的数列,它可以反映出社会经济现象一般水平的发展趋势。表 7-2 就是一个平均指标时间数列。

表 7-2　某城市 2014 年商品房价格数据　　　　　　　　单位:元/m²

月份	1	2	3	4	5	6
房价	7 491	7 478	7 321	7 344	7 335	7 294
月份	7	8	9	10	11	12
房价	7 328	7 344	7 348	7 309	7 275	7 295

以上所述三类时间数列中,总量指标时间数列是基础数列,相对指标时间数列和平均指标时间数列是由两个有联系的总量指标时间数列派生而成的,其派生形式有三种:①由两个时期数列各对应项指标数值对比派生而成;②由两个时点数列各对应项指标数值对比派生而成;③由两个性质不同的时间数列各对应项指标数值对比派生而成。

三、编制时间数列的一般原则

编制时间数列的原则是:时间长短应该统一,总体范围要统一,指标经济内容要统一,指标的计算方法、计量单位、计算价格等要统一。

第二节 时间数列的水平分析

依据时间数列对社会经济现象进行水平分析,常用的分析方法有发展水平、平均发展水平、增长水平、平均增长水平。

一、发展水平

发展水平就是时间数列中的每一项具体指标数值,又称为发展量。它反映社会经济现象在各个时间上所达到的规模或水平。发展水平表现为绝对数,如工业总产值、进出口总额、工资总额、原材料消耗总量、年末职工人数、利润总额等;也可表现为相对数或平均数。发展水平一般用绝对数表示。

时间数列中的发展水平可用符号表示:

$$a_0, a_1, a_2, a_3, \cdots, a_{n-1}, a_n$$

式中:a 代表发展水平;a_0 为最初水平;a_n 为最末水平;其余各项水平为中间水平。

进行动态对比时,作为对比基础时期的发展水平叫基期水平。与基期水平进行对比的那个时期的发展水平称为报告期水平。发展水平在称谓上习惯用"增加到""增加为""降低到""降低为"表示,由表7-1可得,2013年我国国内生产总值为588 019亿元,2014年增加到636 463亿元。

二、平均发展水平

平均发展水平就是时间数列中各个时期(或时点)的发展水平的平均数。它是从动态上说明现象在某一段时间内发展所达到的一般水平。通常称为序时平均数或动态平均数。可以根据不同的时间数列计算平均发展水平。

(一)由总量指标时间数列计算序时平均数

总量指标时间数列分为时期数列和时点数列,两者计算序时平均数的方法不一样。

1. 时期数列的序时平均数

时期指标值具有直接相加的特点,故可用算术平均法计算其平均水平。其计算公式为

$$\bar{a} = \frac{\sum a}{n}$$

式中:$\bar{a}$ 代表序时平均数;a 代表各期发展水平;n 代表时期项数。

【例7-2】 根据表7-1资料计算2010—2014年我国国内生产总值的序时平均数数为
$$\bar{a} = (408\,903 + 484\,124 + 534\,123 + 588\,019 + 636\,463)/5 = 530\,326.6(亿元)$$

2. 时点数列的序时平均数

时点数列分为连续时点数列和间断时点数列,它们的序时平均数计算方法是不同的。

(1)连续时点数列。以天(日)为间隔编制的时点数列称为连续时点数列。根据连续时点数列计算序时平均数有两种情况:

1)间隔相等时:

$$\bar{a} = \frac{\sum a}{n} \quad (资料是逐日登记又逐日排列)$$

2)间隔不等时:

$$\bar{a} = \frac{\sum af}{\sum f} \quad (资料只在发生变动时加以登记)$$

式中:a 为时点指标值,n 为天数,每次资料持续的时间长度为权数用 f 表示。

【例 7-3】 某大学抽查了财管系学生第十周的早操的出勤人数,结果见表 7-3。

表 7-3 财管系学生出勤人数资料

时间	周一	周二	周三	周四	周五
人数	320	324	322	329	330

要求根据资料计算该系本周早操学生的平均出勤人数。

解:

$$\bar{a} = \frac{\sum a}{n} = \frac{320+324+322+329+330}{5} 人 = 325 人$$

计算结果表明,该系第十周早操学生的平均出勤人数为 325 人。

【例 7-4】 某厂 2015 年某 3 月份的产品库存变动记录见表 7-4。

表 7-4 产品库存变动记录

日期	1 日	14 日	19 日	25 日	31 日
库存量/台	38	42	39	23	16

要求根据资料计算该厂本年 3 月份的产品平均库存量。

解:

$$\bar{a} = \frac{\sum af}{\sum f} = \frac{38\times13+42\times5+39\times6+23\times5+16\times2}{13+5+6+5+2} 台 = 35 台$$

计算结果表明,这个月该厂的产品平均库存量为 35 台。

(2)间断时点数列。以月、季、年为间隔的时点数列称为间断时点数列。具体计算也要分两种情况:

1)间隔相等时:

$$\bar{a} = \frac{\frac{a_1}{2}+a_2+\cdots+a_{n-1}+\frac{a_n}{2}}{n-1} \quad (首末折半法)$$

2)间隔不等时:

$$\bar{a} = \frac{\frac{a_1+a_2}{2}f_1 + \frac{a_2+a_3}{2}f_2 + \cdots + \frac{a_{n-1}+a_n}{2}f_{n-1}}{f_1+f_2+\cdots+f_{n-1}}$$

【例 7-5】 某企业 2014 年流动资产余额资料见表 7-5。

表 7-5 某企业 2014 年流动资产余额资料

时间	第一季度	第二季度	第三季度	第四季度	本年年末
流动资产余额/万元	5 200	5 000	5 200	5 400	5 600

要求根据资料计算 2014 年该企业的流动资产月平均余额

解：2014 年该企业的流动资产月平均余额为

$$\bar{a} = \frac{\frac{1}{2}\times 5\,200 + 5\,000 + 5\,200 + 5\,400 + \frac{1}{2}\times 5\,600}{5-1}\text{万元} = \frac{21\,000}{4} = 5\,250\text{ 万元}$$

【例 7-6】 某企业 2014 年半成品库存资料见表 7-6。

表 7-6 某企业 2014 年半成品库存资料

时间	1月	3月	7月	10月	12月末
库存量/t	52	50	52	54	56

要求：计算该企业半成品的月平均库存量。

$$\bar{a} = \frac{\frac{a_1+a_2}{2}\times f_1 + \frac{a_2+a_3}{2}\times f_2 + \cdots + \frac{a_{n-1}+a_n}{2}\times f_{n-1}}{f_1+f_2+\cdots+f_{n-1}}$$

$$= \frac{\frac{52+50}{2}\times 2 + \frac{50+52}{2}\times 4 + \frac{52+54}{2}\times 3 + \frac{54+56}{2}\times 3}{2+4+3+3}\text{t}$$

$$= 52.5\text{t}$$

(二) 由相对指标时间数列计算序时平均数

相对数时间数是由相互联系的二个绝对数时间数列对比形成的派生数列，因此计算它们的序时平均数时需要"先平均，后对比"，可表示为

$$\bar{c} = \frac{\bar{a}}{\bar{b}}$$

式中：$\bar{c}$ 代表序时平均数，$\bar{a}$ 代表作为分子的时间数列序时平均数，$\bar{b}$ 代表作为分母的时间数列序时平均数。

1. 计算由两个时期数列对比形成的相对指标时间数列的序时平均数

【例 7-7】 某企业各季度产品产量计划完成情况见表 7-7。

表 7-7 某企业各季度产品产量计划完成情况资料

季度	第一季度	第二季度	第三季度	第四季度
实际完成数/t	5 700	6 180	7 740	8 320

续表

季度	第一季度	第二季度	第三季度	第四季度
计划数/t	5 400	6 100	7 200	8 000
计划完成/%	106	101	108	104

试计算该企业本年产品产量计划平均完成程度的序时平均数。

解：

$$\bar{c} = \frac{\bar{a}}{\bar{b}} = \frac{\sum a/n}{\sum b/n} = \frac{5\,700 + 6\,180 + 7\,740 + 8\,320}{5\,400 + 6\,100 + 7\,200 + 8\,000}$$
$$= 104.64\%$$

计算结果表明，该企业本年产品产量计划的季度平均完成程度达到104.64%。

2. 计算由两个时点数列对比形成的相对数时间数列的序时平均数

$$\bar{c} = \frac{\bar{a}}{\bar{b}} = \frac{\frac{1}{2}a_1 + \cdots + a_{n-1} + \frac{1}{2}a_n}{n-1} \div \frac{\frac{1}{2}b_1 + \cdots + b_{n-1} + \frac{1}{2}b_n}{n-1} = \frac{\frac{1}{2}a_1 + \cdots + a_{n-1} + \frac{1}{2}a_n}{\frac{1}{2}b_1 + \cdots + b_{n-1} + \frac{1}{2}b_n}$$

【例7-8】 以表7-8中资料为例，计算我国第三产业就业人数所占比重的序时平均数。

表7-8 我国2010—2013年年末从业人数情况　　　　　单位：万人

年份	从业人员	第一产业人数	第三产业人数
2010	78 388	27 931	26 322
2011	78 579	26 594	27 282
2012	78 894	25 773	27 690
2013	79 300	24 171	29 636

解：第三产业就业人数占总就业人数平均比例的序时平均数为

$$\bar{c} = \frac{\bar{a}}{\bar{b}} = \frac{\frac{26\,322}{2} + 27\,282 + 27\,690 + \frac{29\,636}{2}}{\frac{78\,388}{2} + 78\,579 + 78\,894 + \frac{79\,300}{2}}$$
$$= 35.10\%$$

通过计算可以看出我国第三产业就业人员占总就业人数的平均比例为35.10%。

3. 计算由两个性质不同的数列对比形成的相对数时间数列的序时平均数。

【例7-9】 以表7-9中资料为例，计算该商店第一季度商品流转次数。

表7-9 某商业企业第一季度商品流转情况

	12月	1月	2月	3月
商品销售额/万元	—	300	420	280

续表

	12月	1月	2月	3月
月末商品库存额/万元	10	140	160	120
商品流转次数	—	2.5	2.8	2

解：

$$\bar{c} = \frac{\bar{a}}{\bar{b}} = \frac{a_1 + \cdots + a_{n-1} + a_n}{\frac{1}{2}b_1 + \cdots + b_{n-1} + \frac{1}{2}b_n} = \frac{300 + 420 + 280}{\frac{1}{2} \times 100 + 140 + 160 + \frac{1}{2} \times 120} \text{次}$$

$$= 2.44 \text{次}$$

该商店第一季度商品流转次数为

$$2.44 \text{次} \times 3 = 7.32 \text{次}$$

(三)根据平均指标时间数列计算序时平均数

平均指标时间数列也是两个总量指标时间数列相对比所形成的。其分子数列是总体标志总量指标时间数列，分母数列是总体单位总量指标时间数列。因此，应先分别计算分子数列和分母数列各自的序时平均数，然后进行对比，就可得到平均指标时间数列的序时平均数。

三、增长水平

增长水平也称为增长量，是某种现象在一定时期内所增长的绝对数量。它是报告期水平与基期水平之间的离差，反映报告期比基期增长的数量多少或大小有

$$\text{增长量} = \text{报告期水平} - \text{基期水平}$$

由于所采用的基期不同，增长量分为逐期增长量和累计增长量，经常也计算年距增长量。

1. 逐期增长量 = 报告期水平(a_n) - 前一期水平(a_{n-1})

逐期增长量是报告期水平与前一期水平之差，说明本期比上期增长的绝对数量。

2. 累计增长量 = 报告期水平(a_n) - 固定基期水平(a_0)

累计增长量是报告期水平与最初水平之差，说明本期比最初水平增长的绝对数量多少，即从最初时期到本期内的总增长量。

逐期增长量和累计增长量的"和、差"关系为：各个逐期增长量之和等于相应的累计增长量，即

$$(a_1 - a_0) + (a_2 - a_1) + \cdots + (a_n - a_{n-1}) = a_n - a_0$$

两个相邻的增长量之差等于相应的逐期增长量，即

$$(a_n - a_0) - (a_{n-1} - a_0) = a_n - a_{n-1}$$

3. 在实际统计分析中，为了消除季节变动的影响，常常需要计算年距增长量，年距增长量计算公式为

$$\text{年距增长量} = \text{本期发展水平} - \text{去年同期发展水平}$$

四、平均增长水平

平均增长水平也被称为平均增长量,是某种现象在一定时期内平均每期增长的数量。

$$平均增长量 = \frac{逐期增长量之和}{逐期增长量个数} = \frac{累计增长量}{时间序列项数 - 1}$$

【例7-10】 我国金融机构本外币存款2013—2014年各季度的数据见表7-10。要求计算逐期增长量、累计增长量和年距增长量。

表7-10 金融机构本外币存款额 单位:亿元

年度	季度	存款余额	逐期增长量	累计增长量	年距增长量
2013	1	1 006 982	—	—	—
	2	1 036 401	29 419	29 419	
	3	1 058 478	22 077	51 496	
	4	1 070 588	12 110	63 606	
2014	1	1 122 235	51 647	115 253	115 253
	2	1 172 600	50 365	165 618	136 199
	3	1 163 810	−8 790	156 828	105 332
	4	1 173 735	9 925	166 753	103 147

从表7-10计算结果得出,2014年末中国全部金融机构本外币各项存款余额为1 173 735亿元,比2013年年初增加166 753亿元(累计增加量),两年间的季度平均增长量为188 753/7亿元=23 821.857 142 86亿元。

第三节 时间数列的速度分析

一、发展速度

发展速度是根据两个不同时期的发展水平对比得到,说明报告期水平已发展到基期水平的若干倍(或百分之几),表明社会经济现象报告期水平比基期水平发展程度的相对指标。

$$发展速度 = \frac{报告期水平}{基期水平}$$

由于采用的基期不同,发展速度可分为环比发展速度和定基发展速度,它们的计算公式如下:

$$环比发展速度 = \frac{报告期水平}{前期水平} \times 100\% = \frac{a_i}{a_{i-1}}$$

$$定基发展速度 = \frac{报告期水平}{固定基期水平} \times 100\% = \frac{a_i}{a_0}$$

环比发展速度是报告期水平与前期水平之比，表明现象的逐期发展速度。定基发展速度是报告期水平与固定基期水平之比，表明该现象在较长时期内总的发展速度，因此也叫总速度。两者关系是：

(1)定基发展速度等于相应的各环比发展速度的连乘积为

$$\frac{a_n}{a_0} = \frac{a_1}{a_0} \times \frac{a_2}{a_1} \times \cdots \times \frac{a_n}{a_{n-1}}$$

(2)两个相邻的定基发展速度之比等于相应环比发展速度为

$$\frac{a_i}{a_{i-1}} = \frac{a_i}{a_0} \div \frac{a_{i-1}}{a_0}$$

在实际工作中，也常常计算年距发展速度，以说明本期发展水平与去年同期发展水平对比而达到的发展程度：

$$年距发展速度 = \frac{本期发展水平}{去年同期发展水平}$$

二、增长速度

增长速度是表明社会经济现象增长程度的相对指标，由增长量与基期水平对比求得，说明报告期水平比基期水平增加了若干倍(或百分之几)：

$$增长速度 = \frac{增长量}{基期水平} = 发展速度 - 1(或100\%)$$

由于采用的基期不同，增长速度可分为定基增长速度和环比增长速度。定基增长速度=定基发展速度-1(或100%)；环比增长速度=环比发展速度-1(或100%)。同理，年距增长速度=年距发展速度-1。

三、平均发展速度

平均发展速度就是一定时期内各环比发展速度的序时平均数，说明现象在一个较长时期中逐年平均发展变化的程度。计算平均发展速度常用的方法有几何平均法和方程法。

(一)几何平均法

由于各环比发展速度的连乘积等于总发展速度，因而，计算各环比发展速度的序时平均数不能用算术平均法，而用几何平均法。根据不同条件计算平均发展速度的公式为

已知各期发展水平：

$$\bar{X} = \sqrt[n]{\frac{a_1}{a_0} \cdot \frac{a_2}{a_1} \cdot \cdots \cdot \frac{a_n}{a_{n-1}}}$$

已知环比发展速度：

$$\bar{X} = \sqrt[n]{X_1 \cdot X_2 \cdot \cdots \cdot X_n}$$

已知最初和最末水平：

$$\bar{X} = \sqrt[n]{\frac{a_n}{a_0}}$$

已知总速度：

$$\bar{X} = \sqrt[n]{R}$$

式中:$\bar{x}$ 为平均发展速度;R 为总发展速度。

几何平均法的实质是要求最初水平 a_0 在平均发展速度下发展,以达到最末水平 a_n。所以,几何平均法也叫作水平法。

例如,根据表 7-11 中资料得 $a_0=488$ 万元,$a_n=930$ 万元,$n=5$,则该企业利润的平均发展速度为

$$\bar{x} = \sqrt[5]{1.9057} \times 100\% = 1.138 \times 100\% = 13.8\%$$

(二)方程法

用方程法计算平均发展速度的基本要求是:从最初水平出发,各期按平均速度发展,计算出的各期理论水平之和应等于各期实际发展水平之和。据此有

$$a_0\bar{x} + a_0\bar{x}^2 + a_0\bar{x}^3 + \cdots + a_0\bar{x}^n = a_1 + a_2 + \cdots + a_n$$

即

$$\bar{x} + \bar{x}^2 + \bar{x}^3 + \cdots + \bar{x}^n = \frac{\sum_{i=1}^{n} a_i}{a_0}$$

这个关于 $\bar{x}$ 的一元高次方程的正根就是所要求解的平均发展速度。方程法的实质是要求各期根据平均发展速度计算所达到的累计水平与各期实际所具有的累计水平相一致。因此,又叫"累计法"。

要想判断现象的发展速度是递增还是递减,可将各期定基发展速度之和除以现象发展的时期数,所求得的数据若大于 100%,表明现象是递增发展;若小于 100%,则表明现象是递减发展。

四、平均增长速度

平均增长速度是各环比增长速度的序时平均数,说明某种现象在一个较长时期中逐年平均增长变化的程度。平均增长速度与平均发展速度具有密切的联系,即

平均增长速度 = 平均发展速度 − 1(或 100%)

若其差为正值,表示某种现象在一个较长时期中逐年平均递增的程度,平均增长速度叫作"平均递增速度"或"平均递增率";若其差为负值,表示某种现象在一个较长时期中逐年平均递减的程度,该指标可叫作"平均递减速度"或"平均递减率"。

五、增长 1% 的绝对值

增长 1% 的绝对值是指在基期水平的基础上,现象每增长一个百分点所代表的实际绝对数量。这是把相对指标与总量指标结合运用的分析指标。其计算公式为

$$增长 1\% 的绝对值 = \frac{基期水平}{100} = \frac{增长量}{增长速度(百分点表示)}$$

【例 7-11】 已知某企业 2009—2014 年利润额,要求计算发展速度、增长速度及增长 1% 的绝对值,具体资料及计算结果见表 7-11。

表 7-11 某企业 2009—2014 年利润额

年份	利润额/万元	发展速度/% 定基	发展速度/% 环比	增长速度/% 定基	增长速度/% 环比	增长1%的绝对值/万元
2009	488	100	—	—	—	—
2010	530	108.61	108.61	8.61	8.61	48.8
2011	607	124.39	114.53	24.39	14.53	53
2012	765	156.76	126.03	56.76	26.03	60.7
2013	859	176.02	112.29	76.02	12.29	76.5
2014	930	190.57	108.27	90.57	8.27	85.9

六、时间数列的速度分析应注意的几个问题

(一)计算和应用发展速度和增长速度时应注意的问题

(1)发展速度与增长速度在涵义上有严格区别。"提高到"是指发展速度,"提高了"则是增长速度。后者是指净增加的百分数或倍数,不包括基数。

(2)发展速度和增长速度不仅说明现象发展和增长的程度,同时也说明发展变化的方向。发展速度大于1,则增长速度为正值,说明现象的发展方向是上升的;反之则说明是下降的。

(3)在绝对数时间数列中,若中间水平有负数出现,则不宜和很难用速度指标进行分析,此时可用增长量指标。

(4)在作为比较基数的数值极小时,一般不宜用速度指标进行分析。

(二)计算和应用平均速度时应注意的问题

(1)正确选择计算平均速度的计算方法。几何平均法和方程法计算平均速度的应用条件不相同。前者的侧重点是从最末水平出发进行研究,而后者则侧重从各期发展水平的累计总和出发进行研究。因此,对同一资料,应用两种不同方法计算的结果是不相同的,有时可能会相差较大。应当根据时间数列的性质、研究的目的以及分析的要求来选择应用。

(2)注意计算平均速度指标所依据的基本指标在整个研究时期的同质性。

(3)用计算出的分段平均速度和突出的速度指标补充总平均速度。

(4)将计算平均速度所依据的各基本指标与具体情况相结合,进行分析研究。

(5)将经济现象的有关平均速度结合运用。

第四节 长期趋势分析

在动态数列中,各期发展水平是由多种因素相互影响、相互制约、相互作用的结果,因此,动态数列也就包含了各种不同因素引起的变动,一般可分解为长期趋势、季节变动、循环变动和不规则变动。从长期来看,这些偶然因素的个别影响可以相互抵消,而揭示现象发展

的长期趋势和测定其受季节变动的影响,则对于每一个具体的动态数列来讲都是十分重要的问题。本节介绍研究长期趋势的一些基本方法。

一、长期趋势测定的意义

长期趋势就是指现象在一个相当长的时期内持续向上或向下发展变动的趋势。如我国国内生产总值、居民医保费、职工退休收入、社会商品零售额等现象历年来都是呈现出不断上升的趋势。测定长期趋势的主要目的是：

(1)把握现象的变化趋势,以便按照规律组织生产和服务。

(2)从数量方面来研究现象发展的规律性,探求合适趋势线,为进行统计预测提供必要的条件。在实际工作中,常常把趋势分析与统计预测结合在一起,可以反映社会经济现象发展变化的规律,从而使我们对未来有比较科学的认识,通过预测为相关管理部门的决策提供依据。

(3)更好地研究季节变动规律。在动态数列中,既有季节变动又有长期趋势,若能够测定出来长期趋势,并加以剔除,以便于显示和测定季节变动。

要想测定现象发展的长期趋势,则需要对原来的动态数列进行修匀,使修匀后的数列排除季节变动、循环变动和不规则变动等因素的影响,显示出现象变动的基本趋势。测定长期趋势常用的主要方法有间隔扩大法、移动平均法、最小平方法。

二、间隔扩大法

这是测定长期趋势最简单的方法。它是将原来时间序列中所包含的各个时期的资料加以合并,得出较长时距的资料。当原始动态数列中各指标数值上下波动,使现象变化规律表现不明显时,可采用该方法以反映现象发展的趋势。

【例7-12】 某机器厂各月生产机器台数资料见表7-12。

表7-12 某企业各月生产机器数量

月份	1	2	3	4	5	6	7	8	9	10	11	12
机器台数	41	42	52	43	45	51	53	40	51	49	56	54

从表中可以看出,数列变化并不均匀,即各月生产设备台数起伏不定,用该动态数列资料不能清楚地反映该厂生产量变动的趋势。

【例7-13】 现将表7-12的月份资料整理成季资料,可以用间隔扩大总数也可以用间隔扩大平均数(平均机器台数)来编制新的动态数列。现将表7-12资料整理成表7-13所示的资料。

表7-13 某机器厂各季生产机器台数

季度	1	2	3	4
机器台数	135	139	144	159
平均机器台数	45	46.3	48	53

从表7-13可以看出,间隔扩大后的资料,可以明显地显示出生产的机器台数呈逐期增长的变化趋势。

应用间隔扩大法应注意:第一,同一数列前后时间间隔应当一致,以便于比较;第二,时间间隔的长短,应根据具体现象的性质和特点而定,以能够显示现象变化趋势为宜。

三、移动平均法

这种方法实质上是间隔扩大法的改良。它是采用逐项递推移动的方法,分别计算一系列移动的序时平均数,形成一个新的派生的序时平均数动态数列。在这个新的动态数列中,短期的偶然因素引起的变动被削弱了,从而呈现出明显的长期趋势。

【例7-14】 现以表7-12某厂生产机器台数资料,采取3项和5项移动平均法分别进行修匀,计算其各个移动平均数,见表7-14。

表7-14 某机器厂各月生产机器台数的移动平均数

月份	生产机器台数	三项移动平均	五项移动平均
1	41	—	—
2	42	45	—
3	52	45.67	44.6
4	43	46.67	46.6
5	45	46.33	48.8
6	51	49.67	46.4
7	53	48	48.0
8	40	48	48.8
9	51	46.67	49.8
10	49	52	50
11	56	53	—
12	54	—	—

应用移动平均法分析长期趋势时,应注意下列几点:

(1)用移动平均法对原动态数列修匀,修匀程度的大小与原数列移动平均的项数多少有关。例如,5项移动平均比3项移动平均修匀程度更大些(见图7-2)。这就是说,修匀的项数越多,效果越好,即趋势线越为平滑。

(2)移动平均所取项数的多少,应视资料的特点而定。原有动态数列如有循环周期,则移动平均的项数以循环周期的长度为准。当移动平均的时期长度等于周期长度或其整倍数时,它就能把周期的波动完全抹掉。例如:当数列资料为季度资料时,可采用4项移动平均;若根据各年的月份资料,则应取12项移动平均,这样可消除受季节性变动的影响,能较准确地揭示现象发展的长期趋势。

(3)移动平均法,采用奇数项移动比较简单,一次修匀即得趋势值。表7-14中,3项移动第一个移动平均数为(41+41+52)台÷3=45台,即可对正2月份的原值,第二个移动平均数为(42+52+43)台÷3=45.7台,即可对正为3月份的原值等。

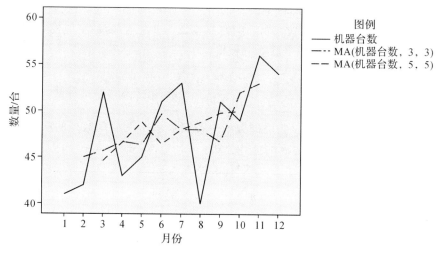

图7-2 移动平均法趋势配合图

当采用偶数项移动平均时,由于偶数项移动平均数都是在两项中间位置,所以要将第一次移动的平均值再进行两项"移正平均",得出移正值动态数列,以显示出现象变动趋势。由于偶数项移动平均比较复杂,因此,一般常以奇数项为长度对原数列进行修匀。

(4)移动平均后的数列比原数列项数要减少。移动时采用的项数愈多,虽能更好地进行修匀,但所得趋势值的项数就愈少。一般情况下,移动平均项数与趋势值的项数关系为"趋势值项数=原数列项数-移动平均项数+1。如上例,原数列项数为12,采取3项移动平均所得趋势值项数=12项-3项+1项=10项。如采用5项移动平均则趋势值项数=12项-5项+1项=8项,要比原有数列少4项。因此,为了便于看出现象的发展趋势,要视具体情况,一般移动平均的项数不宜太多。

四、最小平方法

最小平方法(也叫最小二乘法),用该方法研究现象的发展趋势,就是用一定的数学模型,对原有的动态数列配合一条适当的趋势线来进行修匀。根据最小平方法的原理,这条趋势线必须满足最基本的要求是

$$\sum(Y - Y_c) = 0$$
$$\Sigma(y - y_c)^2 = 最小值$$

式中:y_c为趋势线的估计数值;y为原有数列的实际数值。

长期趋势的类型很多,有直线型,也有曲线型,而最小平方法既可用于配合直线,也可用于配合曲线,所以它是分析长期趋势的十分普遍和理想的方法。下面主要介绍根据社会经济现象的线性趋势,用最小平方法配合直线方程的拟合方法。

(一)直线方程

如果现象发展的逐期增长量大体相等时,则可考虑配合直线趋势方程。直线方程的一

般形式为
$$y_c = a + bt$$

式中：a 为直线的截距；b 为直线的斜率。

上述直线方程式中，a、b 为两个待定参数，根据 $\Sigma(y-y_c)^2$ 为最小值的数学原理，可对 a、b 求一阶偏导数的方法，导出以下联立方程组：

$$\begin{cases} \sum y = na + b\sum t \\ \sum ty = a\sum t + b\sum t^2 \end{cases}$$

式中：t 为时间数列中时间序号，y 为时间数列中各期水平；n 为时间数列的项数。

整理上述方程组，得到参数 a、b 的计算公式：

$$\begin{cases} b = \dfrac{n\sum ty - \sum t \sum y}{n\sum t^2 - (\sum t)^2} \\ a = \bar{y} - b\bar{t} \end{cases}$$

为了计算方便，我们使用零点线法求解参数 a 和 B。假设时间为 t：当原时间项数为奇数时，可假设 t 的中间项为 0，则时间项数依次排列为：…，-3，-2，-1，0，1，2，3，…；当原时间项数为偶数时，则时间项数依次排列为：…，-5，-3，-1，1，3，5，…。这两种设 t 的方法使时间项数值正负相抵消，即 $\sum t = 0$，则上述联立方程可简化为

$$\begin{cases} \sum y = na \\ \sum ty = b\sum t^2 \end{cases}$$

求解参数 a、b 的公式简化为

$$\begin{cases} b = \dfrac{\sum ty}{\sum t^2} \\ a = \bar{y} \end{cases}$$

【例 7-15】 我国 2004—2013 年年末总人口资料见表 7-15。

表 7-15 我国 2004—2013 年年末人口数

年份	时间(t)	人口数(y)/万人	t^2	ty	预测值(y_c)/万人
2004	-9	129 988	81	$-1\ 169\ 892$	130 080.4
2005	-7	130 756	49	$-915\ 292$	130 748.6
2006	-5	131 448	25	$-657\ 240$	131 416.9
2007	-3	132 129	9	$-396\ 387$	132 085.1
2008	-1	132 802	1	$-132\ 802$	132 753.4
2009	1	133 450	1	133 450	133 421.6
2010	3	134 091	9	402 273	134 089.9
2011	5	134 735	25	673 675	134 758.1
2012	7	135 404	49	947 828	135 426.4
2013	9	136 072	81	1 224 648	136 094.6
合计	0	1 330 875	330	110 261	1 330 875

要求：建立我国人口数的线性趋势方程，预测 2015 年末的人口数。

解：设线性趋势方程的一般形式为

$$y_c = a + bt$$

解参数 a、b 得

$$\begin{cases} b = \dfrac{\sum ty}{\sum t^2} = \dfrac{110\ 261}{330} = 334.124\ 2 \\ a = \bar{y} = 133\ 087.5 \end{cases}$$

将 a、b 值代入线性趋势方程一般形式中，得我国人口数的线性趋势方程为

$$y_c = 133\ 087.5 + 334.124\ 2t$$

根据趋势方程，可以预测我国 2014 年末和 2015 年末的人口数。即当 $t=11$ 时，$y_{2014年} = 136\ 762.866\ 2$ 万人。当 $t=12$ 时，$y_{2015年} = 137\ 096.990\ 4$ 万人。通过 2014 年国民经济和社会发展统计公报得出，我国年末全国总人口为 136 782 万人，可看出预测值和真实数据之间差异并不大。因此选择合适的模型，预测的结果可以作为经济决策的参考依据。

（二）曲线方程

现象发展的二级增长量大体相同时，可配合抛物线趋势方程；现象发展的环比发展速度大体相同时，可配合指数曲线趋势方程。

第五节　季节变动分析

在动态数列中，除存在长期趋势外，往往还有季节变动。季节变动是指某些社会经济现象由于受社会习俗或自然条件因素的影响，在每一年内都呈现周而复始的季节性变动规律。例如：夏天空调、冷饮等降温的商品销售量就高于其他季节；冬天围巾、棉衣、电热器等保暖取暖的商品销售量就比较高；铁路客运量以逢年过节、十一黄金周、寒暑假等时间为高峰。由于季节变动因素的出现，就会引起设备和劳动使用不平衡，原料供应不足，运输量不够，给生产和人们生活带来了不便。我们研究季节变动的目的，主要是为了认识它、掌握它，从而克服由于季节变动而引起的不良影响，以便合理组织生产。

测定季节变动的方法很多，从其是否考虑受长期趋势的影响来看，可分为两种方法：①是不考虑长期趋势的影响，按月（季）平均法，直接根据原始的时间数列来计算季节比率；②用移动平均趋势剔除法，根据剔除长期趋势影响后的数列资料来计算季节比率。不管使用哪种方法来计算季节比率，都能够反映季节变动规律。一般情形下，研究季节变动所需要的资料时间在 3 年以上，或者用更多年份的资料作为基础，这样才能较好地消除偶然因素的影响，使测定的季节变动规律性更切合实际。

一、按月（季）平均法

按月（季）平均法是指：若是月度资料就按月平均；若是季度资料则按季平均。其计算的一般步骤如下。

（1）通过列表，显示季节资料。

(2)计算不同年但同月(季)的平均数。
(3)计算总的月(季)平均数。
(4)计算季节比率(或季节指数),即

$$季节比率(S.I.)=\frac{历年同月平均数}{总的月平均数}\times 100\%$$

【例 7-16】 某厂三年围巾销售量资料见表 7-16,试计算季节比率,并预测第 4 年 10 月份和 11 月份围巾的销售量。

如果是月度资料,季节比率之和应等于 1 200%;如果是季度资料,季节比率之和应等于 400%。本例是月度资料,其季节比率之和为 1 199.83%,基本接近 1 200%。若相差过大,应作调整。调整方法是:①先求校正系数,校正系数=1 200/12 个月季节比率之和;②用校正系数乘以原来的各月季节比率。

从表 7-16 中可看出,由于受气候变化的影响,该厂的围巾销售量有较明显的季节变动规律。秋冬季节,气候比较寒冷,故围巾的销售量也增多,11 月、12 月、1 月的季节比率达到 100%以上,为销售旺季。6 月、7 月、8 月天气较热,则围巾销售量随之而降,为销售淡季。我们掌握了销售量季节变动的规律,就可采取适当的措施组织生产与销售。

表 7-16　季节比率计算表　　　　　　　　　　单位:万条

	1月	2月	3月	4月	5月	6月	7月	8月	9月	10月	11月	12月	合计
第一年	82	72	62	38	20	5	3	4	11	80	90	85	552
第二年	110	65	70	40	28	7	4	5	13	96	148	134	720
第三年	123	81	84	45	45	9	5	6	15	94	161	144	812
合计	315	218	216	123	93	21	12	15	39	270	399	363	2084
月平均数	105	72.7	72	41	31	7	4	5	13	90	133	121	57.9
季节比率/%	181.35	125.56	124.35	70.81	53.54	12.09	6.91	8.64	22.45	155.44	229.71	208.98	1199.83

根据表 7-16 的季节比率资料,绘成季节变动曲线图,可以更清楚地看出围巾销售量的季节变动规律性(见图 7-3)。

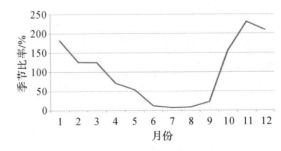

图 7-3　某厂三年围巾销售量的季节变动曲线图

根据季节变动规律也可以进行某些经济预测。例如,已知 4 月份围巾销售量为 50 万条,预测 10 月份和 11 月份的围巾销售量:

10 月份销售量 = $\frac{50}{70.81} \times 155.44$ 万条 = 109.76 万条

11 月份销售量 = $\frac{50}{70.81} \times 229.71$ 万条 = 162.2 万条

按月（季）平均法的优点是计算简便，缺点是没有考虑数列中长期趋势的影响。从理论上来说，计算季节比率所依据的月（季）平均数中，各年同月（季）的数值应起同等重要的作用，不应过分倚重或倚轻。但在【例 7-16】中明显可见，后一年的数字比前一年的同期数字高，这样，会造成月（季）平均数中后期各月（季）的数字比前期同月（季）的数字具有较大的作用，从而对平均数的影响较大。所以，在有长期趋势变动情况存在时，使用按月（季）平均法得出的季节比率不够精确。为了弥补这个缺点，我们可以采用移动平均趋势剔除法来测定季节变动。

二、移动平均趋势剔除法

这个方法是利用移动平均法来剔除长期趋势影响后，再来测定其季节变动。前文中已介绍过怎样用移动平均法求长期趋势和按月（季）平均法求季节比率，故这里着重说明如何剔除长期趋势。

一般来说：对于各因素属于乘积形式的现象，应采用原数列除以长期趋势的方法剔除长期趋势；对于各因素属于和的形式的现象，应采用原数列减去长期趋势的方法剔除长期趋势。

现仍采用某厂围巾资料为例来介绍移动平均趋势剔除法。为方便计算，我们把【例 7-16】中的月资料改为季资料，见表 7-17。

表 7-17　某厂三年各季度围巾销售量　　　　　　　　　　单位：万条

年份	第一季节	第二季节	第三季节	第四季节
第一年	216	63	18	255
第二年	245	75	22	378
第三年	288	99	26	399

（一）除法剔除趋势值求季节比率

(1) 用移动平均法求出长期趋势。如表 7-18 所示，因是季度资料，故先进行四项移动平均后，再作二项移正平均，便得到趋势值 y_c。

(2) 剔除长期趋势。用原数列除以同一时期的趋势值。如表 7-19 所示，第一年第三季度的季节比率为 $\frac{18}{141.625} = 12.71\%$；第四季度为 $\frac{255}{146.75} = 173.76\%$，其余以此类推。

(3) 求季节比率。用表 7-18 中 y/y_c 得到的数据重新编排出表 7-19，再按季度求其平均的季节比率。

(4) 调整季节比率。将求得的平均季节比率相加，各季的季节比率之和应为 400%，各月的季节比率之和应为 1 200%。如果大于或小于 400% 或 1 200%，应计算校正系数并进行校正。校正系数的公式为

$$校正系数 = \frac{400\%}{\sum 季节比率}（或\frac{1\,200\%}{\sum 季节比率}）$$

最后,将校正系数乘上各季或各月的平均季节比率,使其总和等于400%或1 200%。如表7-19所示,平均季节比率之和为399.564,应予调整,先计算校正系数 $= \frac{400\%}{399.56\%} = 1.001\,10$,再用1.001 10乘以各季的平均季节比率,表中第一季度的季节比率即$=1.001\,10 \times 1.553\,6 = 1.555\,3$(或155.53%),其余类推。经校正后的各季(月)平均季节比率,即为应用移动平均趋势剔除法所得的季节比率。

表7-18　某商场围巾销售量剔除长期趋势计算表

时期		销售量/万条(y)	四项移动平均	二项移动平均(y_c)	趋势值剔除	
					除法($y/y_c \times 100\%$)	减法($y - y_c$)
第一年	第一季度	216	—	—	—	—
	第二季度	63	138	—	—	—
	第三季度	18	145.25	141.625	12.71	−123.625
	第四季度	255	148.25	146.75	173.76	108.25
第二年	第一季度	245	149.25	148.75	164.71	96.25
	第二季度	75	180	164.625	45.56	−89.625
	第三季度	22	190.75	185.375	11.87	−163.375
	第四季度	378	196.75	193.75	195.097	184.25
第三年	第一季度	288	197.75	197.25	146.01	90.75
	第二季度	99	203	200.375	49.41	−101.375
	第三季度	26	—	—	—	—
	第四季度	399	—	—	—	—

表7-19　剔除长期趋势后的季节比率计算表　　　　　　单位:万条

		第一季度	第二季度	第三季度	第四季度	合计
年份	第一年	—	—	12.71	173.76	—
	第二年	164.71	45.56	11.87	195.097	—
	第三年	146.01	49.41	—	—	—
合计		310.72	94.97	24.58	368.857	—
平均		155.36	47.485	12.29	184.429	399.564
校正系数		1.001 10	1.001 10	1.001 10	1.001 10	—
季节比率/%		155.53	47.54	12.30	184.63	400.00

从表 7-19 可以看出,围巾的销售旺季在第一和第四季度。

(二)减法剔除趋势值求季节变差

季节变差是指:以移动平均的长期趋势为基础,各季度上下波动的标准幅度,其计量单位是原始资料的销售量"万条"。

为了叙述方便起见,仍用上例案例说明计算方法。

(1)用移动平均法求出长期趋势。

(2)剔除长期趋势。用原数列减去同一时期趋势值。如表 7-20 所示,第一年第三季度的季度变差为 $18-141.625=-123.625$;第四季度为 $255-146.75=108.25$,其余以此类推。

(3)计算同期平均数。用表 7-18 中 $(y-y_c)$ 得到的数据重新编排成为表 7-20,再计算同季平均数。

第一季度:

$$\frac{96.25+90.75}{2}=93.5$$

第二季度:

$$\frac{(-89.625)+(-101.375)}{2}=-95.5$$

(4)分摊余数得季节变差(S.V.)。把同期平均数合计分摊到各时期的平均数中去。即

$$S.V.=同期平均数-\frac{\sum 同期平均数}{时期数}$$

表 7-20 中,第一季度季节变差 $=93.5-0.75/4=93.5-0.1875=93.3125$,式中 0.1875 即为校正数。

表 7-20　减法剔除长期趋势后季节变差计算表　　单位:万条

		第一季度	第二季度	第三季度	第四季度	合计
年份	第一年	—	—	−123.625	108.25	—
	第二年	96.25	−89.625	−163.375	184.25	—
	第三年	90.75	−101.375	—	—	—
合计		187	−191	−287	292.5	—
平均		93.5	−95.5	−143.5	146.25	+0.75
校正系数		−0.1875	−0.1875	−0.1875	−0.1875	—
季节变差		93.3125	−95.6875	−143.6875	−146.0625	0

重点和难点

(一)时间数列概述

重点:时间数列的概念及作用。

(二)时间数列的水平分析

重点:发展水平、平均发展水平、增长水平、平均增长水平等水平的计算。

(三)时间数列的速度分析

重点:发展速度、增长速度、平均发展速度、平均增长速度等速度指标的计算。

(四)长期趋势分析

重点:移动平均法。

难点:最小平方法。

同步综合练习

一、思考题

1. 什么是时间数列?编制时间数列要遵循哪些基本原则?
2. 时间数列有哪些种类?时期数列和时点数列有哪些区别?
3. 变量数列和时间数列有何不同?
4. 序时平均数与一般平均数有什么不同?
5. 逐期增长量和累计增长量分别是什么?两者之间的关系如何?
6. 环比发展速度和定基发展速度分别是什么?两者之间的关系如何?
7. 举例说明如何将水平分析与速度分析结合起来运用。
8. 几何平均法和方程式法计算平均发展速度有什么不同?举例说明各自的适合条件。
9. 什么是长期趋势?研究长期趋势的主要方法是什么?
10. 为什么要研究季节变动?按月平均法和移动平均趋势剔除法用于测定季节变动有什么不同?

二、计算题

1. 根据表7-21,计算某商场年平均销售额。

表7-21　2009—2014某商场年销售额情况

时期	2009年	2010年	2011年	2012年	2013年	2014年
销售额/万元	18 530.7	21 617.8	26 635.4	34 515.1	45 005.8	57 733

2. 某企业2014年各月末应收账款余额资料见表7-22。

表7-22　某企业2014年各月末应收账款余额情况

时期	上年末	1月末	2月末	3月末	4月末	5月末
应收账款余额/万元	200	220	210	200	190	180
时期	6月末	7月末	8月末	9月末	10月末	12月末
应收账款余额/万元	170	160	150	140	130	120

试计算该企业 2014 年上半年、下半年以及全年平均应收账款余额。

3.某金融企业 2014 贷款余额、逾期贷款余额见表 7-23,求全年平均逾期贷款率。

表 7-23　某金融企业 2014 贷款余额、逾期贷款余额情况

时期	第一季度初	第二季度初	第三季度初	第四季度初	年末
逾期贷款余额/亿元	35	90	50	90	30
贷款总余额/亿元	45	140	80	120	50

4.某企业 2015 年第一季度有关资料见表 7-24。

表 7-24　某企业 2015 年第一季度有关资料

月份	1	2	3	4
实际产量/件(a)	100	110	120	—
计划产量/件(b)	120	115	125	—
月初工人数/人(c)	30	35	38	46

试根据以上资料计算：
(1)第一季度月平均实际产量；
(2)第一季度月平均工人数；
(3)第一季度月平均劳动生产率；
(4)第一季度月平均产量计划完成程度。

5.根据表 7-25,计算某商场三季度售货员的人均月销售额。

表 7-25　2015 年某商场售货员和销售额情况

	6 月	7 月	8 月	9 月
商品销售额/万元	100	124	146	150
月末售货员人数/人	50	58	64	66

6.某地区两个企业二月份商品产值及每日工人在册数资料见表 7-26。

表 7-26　某地区两个企业二月份商品产值及每日工人在册数情况

企业	商品产值/万元	工人人数/人		
		1—12 日	13—18 日	19—28 日
甲	415	330	312	345
乙	452	332	314	328

要求计算：
(1)各企业的工人月劳动生产率。
(2)综合两个企业的工人月劳动生产率。

7. 某企业 2010—2014 年全部职工和非生产工人按年末人数计算资料见表 7-27。

表 7-27　某企业 2010—2014 年全部职工和非生产工人人数情况（按年末统计）

年份	2010	2011	2012	2013	2014
生产工人人数	1 849	1 919	2 043	2 156	2 217
生产工人占全部职工比例/%	87	85	88	89	86

试计算该厂 2010—2014 年生产工人占全部职工人数的平均比例。

8. 某地区 2008—2013 年外商直接投资额资料见表 7-28。

表 7-28　某地区 2008—2013 年外商直接投资额情况

时期	2008	2009	2010	2011	2012	2013
外商直接投资额/亿元	343.3	447.0	519.7	548.7	703.6	683.9

要求计算：
(1) 逐期增长量与累计增长量；
(2) 定基发展速度和环比发展速度；
(3) 定基增长速度和环比增长速度；
(4) 平均发展速度与平均增长速度；
(5) 增长 1% 的绝对值。

9. 某通信企业 2010 年手机产量为 20 万部。

(1) 若规定 2011—2013 年年均递增率不低于 6%，其后年递增率不低于 5.5%，2015 年该企业手机产量将达到多少？

(2) 若规定 2020 年手机产量在 2010 年的基础上翻一番，而 2016 年的增长率可望达到 7.3%，那么以后 4 年应以怎样的速度增长才能达到预定目标？

(3) 若规定 2020 年手机产量在 2010 年的基础上翻一番，并要求每年保持 7.6% 的增长速度，能提前多少时间达到预定目标？

10. 某地区 2014 年的国民收入为 7 亿元，如果以后平均每年以 7.4% 的速度增长，经过多少年后能达到 56 亿元？这些年的国民收入翻了几番？

11. 将一笔 500 万元的资金用于 10 年期投资，利率分别是：第 1~2 年 5%，第 3~5 年 8%，第 6~8 年 10%，9~10 年为 12%。以复利计息，求年平均投资利率是多少？10 年末资金的本利和为多少？

12. 某地区社会商品零售额以 2000 年为基期，2001—2005 年期间每年平均增长 8.0%，2006—2010 年期间每年平均增长 8.2%，2011—2015 年期间每年平均增长 7.8%。试问 2015 年与 2000 年相比，该地区社会商品零售额共增长多少？年平均增长速度是多少？若 2015 年社会商品零售额为 35 亿元，按此平均增长速度，2020 年的社会商品零售额应该为多少？

13. 某地区国内生产总值在 2005—2008 年平均每年递增 7.4%，2009—2012 年平均每年递增 7.5%，2013—2015 年平均每年递增 7.7%。试计算：

(1)该地区国内生产总值在 2005—2015 年的发展总速度和平均增长速度。

(2)若 2015 年该地区的国内生产总值为 346 亿元,以后平均每年增长率为 7.2%,到 2017 年可能达到多少?

(3)若 2017 年该地区国内生产总值的计划任务数为 420 亿元,一季度的季节比率为 117%,则 2017 第一季度的计划任务应为多少?

14. 某地区 2010—2014 年小麦总产量资料见表 7-29。

表 7-29　某地区 2010—2014 年小麦总产量情况

年份	2010	2011	2012	2013	2014
小麦产量/万吨	320	333	341	356	380

试用最小平方法配合直线趋势方程,并据此方程预测该地区 2015 年的小麦总产量。

15. 某宾馆 2011—2014 各季度的营业额数据见表 7-30。

表 7-30　某宾馆 2011—2014 各季度的营业额数据　　　单位:万元

年份	第一季度	第二季度	第三季度	第四季度
2011	131	139	79	86
2012	108	115	97	110
2013	146	175	160	182
2014	184	200	169	180

要求计算:

(1)用同期平均法计算季节变动;

(2)用趋势剔除法计算季节变动;

(3)拟合线性模型测定长期趋势,并预测 2015 年各季度营业额。

第八章　统计指数

在学习本章后,学生应能够熟练掌握指数的概念、数量指标综合指数和质量指标综合指数的编制、指数体系的概念、因素分析,了解综合指数的应用、平均指数的应用平均指标指数因素分析等知识点。

指数是反映现象总体数值变动的相对程度的一种分析方法,它诞生于18世纪欧洲资本主义迅速发展的时期。当时由于欧洲物价上涨,引起社会的普遍关注。经济学家为了测定物价的变动,开始尝试编制物价指数。此后指数理论不断发展,指数的应用逐步扩展到社会经济生产活动与生活活动的各个方面,如工业产品产量指数、生产资料价格指数、股票价格指数、消费品价格指数等。至今,指数理论还被应用于经济效益、生活质量、综合国力、社会发展水平的综合评价研究中。

第一节　指数的意义和种类

一、指数的概念和作用

指数有广义和狭义之分。广义指数是指一切说明社会经济现象数量变动程度的相对数,如动态相对数、比较相对数、计划完成程度等都可称为广义指数;狭义指数是一种特殊的,研究复杂现象总体数值综合变动程度的相对数。统计指数一般是指狭义的指数。

指数的主要作用有以下三个方面：
(1)反映复杂的社会经济现象总体数值的综合变动程度。
(2)分析复杂现象总体中各因素数值变动程度以及各因素变动对总变动的影响效果。
(3)利用对指数可以对复杂社会经济现象总体特征进行综合测评。

二、指数的种类

可以从不同的角度对指数进行分类,如图8-1所示。

(一)按照研究对象的范围不同,指数可分为个体指数和总指数

个体指数是说明个别现象数值变动程度的相对数,如某种产品的产量指数,某种商品的价格指数等。总指数是反映有多种不能同度量的因素构成的现象总体数量综合变动程度的相对数,如多种商品销售量总指数和销售价格总指数。

(二)按照指标性质不同,指数可分为数量指标指数和质量指标指数

数量指标指数是反映数量指标变动程度的相对数,如产品产量指数、商品销售量指数等。

质量指标指数是反映质量指标数值变动程度的相对数,如价格指数、劳动生产率指数等。

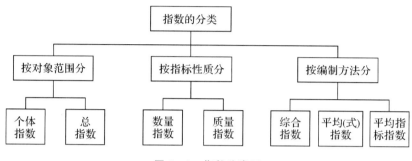

图 8-1 指数分类图

(三)按编制方法不同,指数可分为综合指数、平均(式)指数和平均指标指数

(1)综合指数是两个特殊的总量指标对比所得到的相对数,即通过同度量因素,把不能直接加总的因素转化为可以同度量的总量指标以后,在进行对比所形成的相对数。

(2)平均(式)指数也称平均数指数,是以个体指数作为变量,采用加权平均数的形式而编制的总指数,包括加权算术平均(式)指数和加权调和平均(式)指数。

(3)平均指标指数也称总平均数指数,一般是通过某种平均指标的两个不同数值对比而形成的指数,包括可变构成指数、固定构成指数和结构影响指数。

第二节 综合指数

综合指数是总指数的一种计算形式,它是由两个特殊的总量指标相对比的结果。综合指数有数量指标综合指数和质量指标综合指数两种形式。

一、数量指标综合指数

(一)概念

数量指标综合指数反映了数量指标的综合变动程度,即考察的是总体规模和总水平变动情况的相对数,如多种商品销售量总指数、多种产品产量总指数等。

(二)编制步骤

数量指标综合指数的编制分为三个步骤。

第一步,确定同度量因素。所谓同度量因素就是把不能直接相加的量转化为能够加总的量而使用的一个媒介因素。例如,多种商品的销售量,在实物形态上无法直接加和汇总,对其商品的销售价格,就转化为能够加总的销售额这一价值形态。价格在这里既起到了媒介作用也起到了权数作用,即

$$数量 \times 价格 = 销售额$$
$$p \times q = pq$$

第二步，在价格不变的情况下，对比两个时期的销售额：

$$\bar{K}_q = \frac{\sum pq_1}{\sum pq_0}$$

第三步，确定同度量因素所属时期。同度量因素所属的时期有报告期和基期。不同时期的同度量因素的数值不同，计算的总指数的结果也不同。在我国统计工作实践中，编制数量指标综合指数的一般原则是：编制数量指标综合指数时，常用基期的质量指标作为同度量因素。按照这一原则，我们把价格这个因素固定在基期，得出商品销售量总指数的计算公式为

$$\bar{K}_q = \frac{\sum p_0 q_1}{\sum p_0 q_0}$$

【例 8-1】 某商业企业商品销售量及价格资料见表 8-1，计算该商业企业的商品销售量总指数。

表 8-1 某商业企业商品销售量及价格资料

商品名称	销售量		价格/元		销售额/元		
	基期	报告期	基期	报告期	基期	报告期	假定
	q_0	q_1	p_0	p_1	$p_0 q_0$	$p_1 q_1$	$p_0 q_1$
甲/箱	100	120	10	9	1 000	1 080	1 200
乙/件	200	180	17	15	3 400	2 700	3 060
丙/台	60	51	43	48	2 580	2 448	2 193
合计	—	—	—	—	6 980	6 228	6 453

解：根据表 8-1 数据计算该商业企业的商品销售量总指数为

$$\bar{K}_q = \frac{\sum p_0 q_1}{\sum p_0 q_0} \times 100\% = \frac{6\ 453}{6\ 980} \times 100\% \approx 92.45\%$$

计算结果表明：在价格水平不变的条件下，三种商品的销售量报告期比基期平均降低了 7.55%，由于销售量的降低而减少的销售额为

$$\sum p_0 q_1 - \sum p_0 q_0 = 4\ 653\ 元 - 6\ 980\ 元 = -2\ 327\ 元$$

二、质量指标综合指数

(一)概念

质量指标综合指数反映了复杂现象总体质量指标的综合变动情况，即考察的是总体相对水平和平均水平的变动程度，如多种商品销售价格总指数、多种产品单位成本总指数等。

(二)编制步骤

质量指标综合指数的编制分为三个步骤。

第一步，引入同度量因素。销售量可以起到把不能直接相加的销售价格过渡为能够相

加的销售额这个媒价作用,即

$$价格 \times 数量 = 销售额$$
$$p \times q = pq$$

第二步,在销售量不变的情况下,对比两个不同时期的销售额:

$$\bar{K}_p = \frac{\sum p_1 q}{\sum p_0 q}$$

第三步,固定同度量因素所属时期。在我国统计工作实践中,编制质量指标综合指数的一般原则是:编制质量指标综合指数时,常用报告期的数量指标作为同度量因素。按照这一原则,我们把销售量这个因素固定在报告期,得出商品销售价格总指数的计算公式为

$$\bar{K}_p = \frac{\sum p_1 q_1}{\sum p_0 q_1}$$

根据表 8-1 资料编制的三种商品价格总指数为

$$\bar{K}_p = \frac{\sum p_1 q_1}{\sum p_0 q_1} \times 100\% = \frac{6\ 228}{6\ 453} \times 100\% \approx 96.51\%$$

计算结果表明,在销售量水平不变的情况下,报告期三种商品的销售价格比基期综合下降了 3.49%,由于价格下降而减少的销售额为

$$\sum p_1 q_1 - \sum p_0 q_1 = 6\ 228\ 元 - 6\ 453\ 元 = -225\ 元$$

可见,由于价格下降,使得该商业企业三种商品的销售额报告期比基期减少了 225 元。从居民消费角度来观察,在报告期购买这些商品时,由于价格的下降,可以减少 225 元的支出。

需要说明的是,为了测量物量和物价的综合变动情况,德国学者拉斯贝尔于 1864 年提出了拉氏物量指数和物价指数,其中拉氏物量指数为

$$\bar{K}_q = \frac{\sum p_0 q_1}{\sum p_0 q_0}$$

拉氏物价指数为

$$\bar{K}_p = \frac{\sum p_1 q_0}{\sum p_0 q_0}$$

10 年后,德国学者派许于 1874 年提出了派氏物量指数和物价指数,其中派氏物理量指数为

$$\bar{K}_q = \frac{\sum p_1 q_1}{\sum p_1 q_0}$$

派氏物价指数为

$$\bar{K}_p = \frac{\sum p_1 q_1}{\sum p_0 q_1}$$

我国统计工作实践中:在研究数量指标的总和变动时,所用的数量指标综合指数就是拉

氏物量指数;在研究质量指标的综合变动时,所采用的质量指标综合指数就是派氏物价指数。拉氏物量指数和派许物价指数,引入的同度量因素虽然相同,单固定的时期不同,计算的结果自然有差异,即

$$\bar{K}_{q拉} \neq \bar{K}_{q派}, \bar{K}_{p拉} \neq \bar{K}_{p派}$$

一般情形下,根据同一资料计算的拉氏物量指数数值≥派许物量指数数值;计算的拉氏物价指数数值≥派氏物价指数数值,即

$$\bar{K}_{p拉} \neq \bar{K}_{p派}$$

第三节 平均(式)指数

平均(式)指数是总指数的另一种主要形式,是对个体指数进行加权平均而编制的总指数形式。它与综合指数既有区别又有联系,在特定的权数条件下两类指数之间存在变形关系。然而,作为一种独立指数形式,平均(式)指数不仅仅是作为综合指数的变形而使用的,其本身具有广泛的应用价值。平均(式)指数一般有加权算术平均(式)指数和加权调和平均(式)指数两种形式。

一、加权算术平均(式)指数

加权算术平均(式)指数,是指从数量指标个体指数(k_q)出发,以基期的总量指标($p_0 q_0$)为权数而计算总指数的形式。其公式如下:

$$\bar{K}_q = \frac{\sum p_0 q_1}{\sum p_0 q_0} = \frac{\sum K_q p_0 q_0}{\sum p_0 q_0}$$

【例 8-2】 某服装企业生产三种产品,其产值和产量资料见表 8-2。

表 8-2 某服装企业产值和产量资料

产品	实际产值/万元		2014 年产量为 2013 年的百分比/%	$\sum k_q p_0 q_0$
	2013 年	2014 年		
服装/件	450	500	125	562.5
帐篷/顶	220	255	110	242
背包/个	350	420	140	490
合计	1 020	1 157	—	1 294.5

要求:根据表 8-2 资料计算该服装企业产量总指数。

解:
$$\bar{K}_q = \frac{\sum K_q p_0 q_0}{\sum p_0 q_0} \times 100\% = 26.91\%$$

计算形式虽然改变了,但经济内容仍然与产量综合指数相同。计算结果表明,三种服装产量的总变动程度为 26.91%。三种产品产量提高而增加的总产值为

$$\sum k_q p_0 q_0 - \sum p_0 q_0 = 1\,294.5 - 1\,020 = 274.5(万元)$$

这表明,在剔除产品价格变动的影响后,由于该企业报告期比基期多生产 26.9% 的产品量,使得产值增加了 274.5 万元。

二、加权调和平均(式)指数

加权调和平均(式)指数,是指从质量指标个体指数 (k_p) 出发,以报告期的总量指标 ($p_1 q_1$) 为权数而计算总指数的形式。其公式如下:

$$\overline{K}_p = \frac{\sum p_1 q_1}{\sum p_0 q_1} = \frac{\sum p_1 q_1}{\sum \frac{1}{k_p} p_1 q_1}$$

【例 8-3】 某服装企业生产三种产品,其产值和产量资料见表 8-3。

表 8-3 某服装企业产值和产量资料

产品	实际产值/万元		2014 年价格比 2013 年增(减)幅度/%	$\dfrac{1}{K_P} p_1 q_1$
	2013 年	2014 年		
服装/件	450	500	2	510.20
帐篷/顶	220	255	+3	218.45
背包/个	350	420	−1	424.24
合计	1 020	1 157	—	1 152.89

要求计算:三种产品价格总指数。

解:该企业三种产品的价格总指数为

$$\overline{K} = \frac{\sum p_1 q_1}{\sum \frac{1}{k} p_1 q_1} \times 100\% = \frac{1\,157}{1\,152.89} \times 100\% = 100.36\%$$

价格上升而增加的总产值为

$$\sum p_1 q_1 - \frac{1}{K_P} p_1 q_1 = 1\,157 - 1\,152.89 = 4.11(万元)$$

这表明,该企业三种产品价格报告期比基期价格综合提高了 100.36%,使得企业产值增加了 4.11 万元。

第四节 指数体系及因素分析

一、指数体系的概念与作用

(一)指数体系的概念

指数体系是一系列相互联系的指数所构成的整体。表现为总变动指数与各因素指数之间的数量联系,它是客观事物之间内在关系的反映,即

商品销售额指数＝商品销售量指数×商品价格指数

产品产量指数＝工人数指数×劳动生产率指数

成品总成本指数＝产品产量指数×单位成本指数

这些公式反映着社会经济现象之间客观的经济联系,表现为指数之间的关系则是

商品销售额指数＝销售量指数×价格指数

产品产量指数＝工人人数指数×劳动生产率指数

工业总产值指数＝产品产量指数×出厂价格指数

一般来讲,有什么样的经济联系,也就有什么样的指数体系。

(二)指数体系的作用

指数体系在经济分析中有着重要作用,主要表现在以下两个方面:

(1)利用指数体系,可以从相对数和绝对数两方面分析现象的总变动中各因素指数变动对总变动影响的方向、程度和影响的绝对差额。

(2)根据指数体系中各个指数之间的联系,可以进行指数之间的相互推算。在实际工作中,若已知其中任何两个指数数值,就可以通过指数体系求出第三个指数数值。

二、因素分析

利用指数体系对社会经济现象总变动及各个构成因素的变动情况和变动程度的分析叫因素分析。因素分析在经济活动分析中是一种非常有用的分析方法,应用范围也很广泛。

指数体系的因素分析按照分析时包含的因素多少可以分为两因素分析和多因素分析。前者只包含两个因素,后者则包含两个以上的因素。

总量指标的两因素分析,是分析研究由两个因素构成的总量指标的变动,以及两个因素的变动分别对总量变动的影响方向和程度。总量指标的多因素分析方式与两因素的相似,本章主要介绍总量指标的两因素分析。下面以实例来说明总量指标的两因素分析过程。

【例 8-5】 某省出口三种能源产品,其出口统计资料见表 8-5。试对该省能源产品出口额进行因素分析。

表 8-5 某省能源出口统计资料

商品名称	出口量/t		出口价格/(美元·t^{-1})		出口总额/美元		
	基期 q_0	报告期 q_1	基期 p_0	报告期 p_1	$q_0 p_0$	$q_1 p_1$	$p_0 q_1$
金属	1 700	1 900	400	410	680 000	779 000	760 000
煤炭	500	200	190	220	95 000	44 000	38 000
稀土	4 000	4 200	450	470	1 800 000	1 974 000	1 890 000
合计	—	—	—	—	2 575 000	2 797 000	2 688 000

解:其指数体系为

出口额指数＝出口量指数×出口价格指数

$$\frac{\sum p_1 q_1}{\sum p_0 q_0} = \frac{\sum q_1 p_0}{\sum q_0 p_0} \times \frac{\sum p_1 q_1}{\sum p_0 q_1}$$

绝对差额关系为

$$\sum p_1 q_1 - \sum p_0 q_0 = (\sum q_1 p_0 - \sum p_0 q_0) + (\sum p_1 q_1 - \sum p_0 q_1)$$

出口额指数为

$$K = \frac{\sum p_1 q_1}{\sum p_0 q_0} = \frac{2\ 797\ 000}{2\ 575\ 000} = 1.086$$

变动差额为

$$\sum p_1 q_1 - \sum p_0 q_0 = 2\ 797\ 000\ 美元 - 2\ 575\ 000\ 美元 = 222\ 000\ 美元$$

这表明,三种商品的出口额报告期比基期增长 8.6%,增加的出口额为 222 000 美元。这是由于受商品出口量变动和出口价格变动影响的结果。

出口量指数为

$$K_q = \frac{\sum q_1 p_0}{\sum q_0 p_0} = \frac{2\ 688\ 000}{2\ 575\ 000} = 1.044$$

变动差额为

$$\sum q_1 p_0 - \sum p_0 q_0 = 2\ 688\ 000 - 2\ 575\ 000\ 美元 = 113\ 000\ 美元$$

这表明,三种商品的出口量报告期比基期上升 4.4%,由于出口量增加而增加的出口额为 113 000 美元。

出口价格指数为

$$K_p = \frac{\sum p_1 q_1}{\sum p_0 q_1} = \frac{2\ 797\ 000}{2\ 688\ 000} = 1.041$$

变动差额为

$$\sum p_1 q_1 - \sum p_0 q_1 = 2\ 797\ 000\ 美元 - 2\ 688\ 000\ 美元 = 109\ 000\ 美元$$

这表明,三种商品的出口价格报告期比基期上升了 4.1%,由于价格上升而增加的出口额为 109 000 美元。

对以上计算的分析如下:三种商品出口额报告期比基期上升了 8.6%,是由于出口量增加 4.4%以及出口价格上升 4.1%两个因素共同影响的结果。三种商品的出口额报告期比基期增加了 222 000 美元,是由于出口量增加而增加 113 000 美元,以及销售价格上升而增加 109 000美元两个因素共同影响的结果。

三、平均指标指数及因素分析

(一)平均指标指数

平均指标指数也称总平均数指数,它是两个时期的同一经济内容的平均指标数值对比形成的指数,能反映总平均指标的变动。平均指标因素分析,就是要分析在总平均指标的动态对比中各因素的变动对总平均指标变动的影响方向和影响程度。总体一般水平决定于两个因素:一个是总体内部各部分的水平,另一个是总体的结构,即各部分在总体中所占的比例。平均指标的变动是这两个因素变动的综合结果。因此对总体平均指标变动进行因素分析时,需要从数量上分析它们对总体平均指标变动的影响,故相应地编制两个平均指标指数:固定构成指数和结构影响指数。

1. 可变构成指数

可变构成指数是指在对社会经济现象总体进行分组的条件下,表明总平均指标对比关系的指数,可变构成指数不但反映了总平均指标的动态对比中各组标志值水平的变动,还反映了总体内部结构变动的影响。

可变构成指数的一般计算公式为

$$K_{可变} = \frac{\sum x_1 f_1}{\sum f_1} \bigg/ \frac{\sum x_0 f_0}{\sum f_0}$$

式中:$K_{可变}$为可变构成指数;x为代表各组的标志值水平;f为代表各组的单位数。

可变构成指数的分子与分母之差,表示报告期总平均指标与基期总平均指标的差额,即

$$\frac{\sum x_1 f_1}{\sum f_1} - \frac{\sum x_0 f_0}{\sum f_0}$$

2. 固定构成指数

固定构成指数就是固定各组结构,反映各组标志值水平变动对总平均指标影响程度的指数。其计算公式为

$$K_{固定} = \frac{\sum x_1 f_1}{\sum f_1} \bigg/ \frac{\sum x_0 f_1}{\sum f_1}$$

固定构成指数的分子与分母之差,表明由于各组标志值水平的变动,报告期总平均指标与基期总平均指标的差额,即

$$\frac{\sum x_1 f_1}{\sum f_1} - \frac{\sum x_0 f_1}{\sum f_1}$$

3. 结构影响指数

结构影响指数是固定各组标志值水平、反映各组结构变动对总平均指标影响程度的指数。其计算公式为

$$K_{结构} = \frac{\sum x_0 f_1}{\sum f_1} \bigg/ \frac{\sum x_0 f_0}{\sum f_0}$$

结构影响指数的分子与分母之差,表明由于各组结构变动,报告期总平均指标与基期的总平均指标的差额,即

$$\frac{\sum x_0 f_1}{\sum f_1} - \frac{\sum x_0 f_0}{\sum f_0}$$

(二)平均指标的因素分析

可变构成指数、固定构成指数与结构影响指数之间存在着内在联系,其指数体系为

可变构成指数＝固定构成指数×结构影响指数

$$\frac{\sum x_1 f_1}{\sum f_1} \bigg/ \frac{\sum x_0 f_0}{\sum f_0} = \left(\frac{\sum x_1 f_1}{\sum f_1} \bigg/ \frac{\sum x_0 f_1}{\sum f_1}\right) \times \left(\frac{\sum x_0 f_1}{\sum f_1} \bigg/ \frac{\sum x_0 f_0}{\sum f_0}\right)$$

各指数的分子分母之差,也存在着内在的联系。即

$$\frac{\sum x_1 f_1}{\sum f_1} - \frac{\sum x_0 f_0}{\sum f_0} = \frac{\sum x_1 f_1}{\sum f_1} - \frac{\sum x_0 f_1}{\sum f_1} + \frac{\sum x_0 f_1}{\sum f_1} - \frac{\sum x_0 f_0}{\sum f_0}$$

【例8-6】 某地区农作物生产情况见表11-6,请对该地区三种农作物平均亩产量变动进行因素分析(1亩=667m²)。

表8-6 某地区农作物的生产情况

粮食作物	播种面积/亩		平均产量/(kg·亩$^{-1}$)	
	2013年(f_0)	2014年(f_1)	2013年(x_0)	2014年(x_1)
玉米	4 000	4 200	200	200
高粱	2 200	1 500	300	310
马铃薯	1 000	1 100	400	405

解:该地区三种农作物总平均单位面积产量指数为

$$\frac{\sum x_1 f_1}{\sum f_1} \bigg/ \frac{\sum x_0 f_0}{\sum f_0} \times 100\% = \frac{1\ 750\ 500}{6\ 800} \bigg/ \frac{1\ 860\ 000}{7\ 200} \times 100\% = \frac{257.4}{258.3} \times 100\% = 99.65\%$$

结果表明,2014年的总平均产量比基期2013年减少了0.35%,总平均产量减少了0.9 kg/亩,即

$$\frac{\sum x_1 f_1}{\sum f_1} - \frac{\sum x_0 f_0}{\sum f_0} = 257.4 - 258.3 = -0.9(\text{kg/亩})$$

从表8-6可以清楚地看出,三种农作物的平均产量报告期比基期分别增长0、3.33%和1.25%。为什么各农作物的平均产量均增长了,但计算出来的总平均产量却降低了0.35%呢?显然,是受各农作物产量变动的影响,以及各农作物播种面积结构变动的影响,下面分别计算这两个因素变动对平均产量变动的影响方向和程度。

根据公式计算出固定构成指数为

$$\frac{\sum x_1 f_1}{\sum f_1} \bigg/ \frac{\sum x_0 f_1}{\sum f_1} \times 100\% = \frac{1\ 750\ 500}{6\ 800} \bigg/ \frac{1\ 730\ 000}{6\ 800} \times 100\% = \frac{257.4}{254.4} \times 100\% = 101.18\%$$

其分子与分母的差额为

$$\frac{\sum x_1 f_1}{\sum f_1} - \frac{\sum x_0 f_1}{\sum f_1} = 257.4 - 254.4 = 3(\text{kg/亩})$$

计算结果表明:如果消除总体中农作物播种面积结构这一因素变动的影响,那么报告期农作物平均产量水平比基期提高了1.18%,平均每亩增加3 kg。

根据公式可得结构影响指数为

$$\frac{\sum x_0 f_1}{\sum f_1} \bigg/ \frac{\sum x_0 f_0}{\sum f_0} = \frac{1\ 730\ 000}{6\ 800} \bigg/ \frac{1\ 860\ 000}{7\ 200} = \frac{254.4}{258.3} \times 100\% = 98.49\%$$

其分子与分母的差额为

$$\frac{\sum x_0 f_1}{\sum f_1} - \frac{\sum x_0 f_0}{\sum f_0} = 254.4 - 258.3 = -3.9 (\text{kg}/\text{亩})$$

这个平均数指数所反映的是播种面积构成变动，以及这种变动引起的全部粮食作物总平均单位面积产量的变动。计算结果表明，播种面积构成发生了变化，致使平均单位面积产量下降了 1.51%，平均每亩减少 3.9 kg。

三者之间的相对数关系为

$$99.65\% = 101.18\% \times 98.49\%$$

三者之间的绝对数关系为

$$-0.9 = 3 + (-3.9)$$

以上计算结果表明，该地区各农作物的平均产量报告期比基期分别提高了，但全地区的总平均产量却降低了 0.35%，减少了 0.9 kg/亩。从全地区农作物平均产量来看，并没有降低，而是报告期比基期提高了 1.18%，平均每亩增加 3 kg/亩。但由于播种面积结构发生了变化，使整个地区总平均产量报告期比基期降低 1.51%，平均每亩减少 3.9 kg/亩。也就是说，固定构成指数使总平均产量增长，结构影响指数使总平均产量降低，在这两个因素共同影响下使整个地区农作物总平均产量下降了 0.35%，减少了 0.9 kg/亩。

第五节　几种常用的经济指数

一、居民消费价格指数

居民消费价格指数是一个反映居民家庭一般所购买的消费商品和服务价格水平变动情况的宏观经济指标。它是度量一组代表性消费商品及服务项目的价格水平随时间而变动的相对数，是用来反映居民家庭购买消费商品及服务的价格水平的变动情况。居民消费价格统计调查的是社会产品和服务项目的最终价格，同人民群众的生活密切相关，同时在整个国民经济价格体系中也具有重要的地位。它是进行经济分析和决策、价格总水平监测和调控及国民经济核算的重要指标。其变动率在一定程度上反映了通货膨胀或紧缩的程度。一般来讲，物价全面地、持续地上涨就被认为发生了通货膨胀。

我国的居民消费价格指数是采用固定加权算术平均指数方法编制的，编制过程如下。

(1)项目分类。项目分类指将各种居民消费划分为八大类，包括食品、烟酒及用品、衣着、家庭设备用品及维修、医疗保健及个人用品、交通和通信、娱乐教育文化用品、居住，这八大类又被划分为若干个中类和小类。

(2)个体价格指数计算。个体价格指数计算指从以上各类中选定 325 种有代表性的商品项目(含服务项目)入编指数，利用有关对比时期的价格资料分别计算个体价格指数。

(3)权数确定。权数确定指依据有关时期内各种商品的销售额构成,确定代表品的比重权数,它既包括代表品本身的权数——直接权数,也包括该代表品所属的那一类商品中其他项目的权数——附加权数,以此提高入编项目对于所有消费品的一般代表性程度。

【例 8-7】 居民消费价格指数的计算见表 8-7。

表 8-7 居民消费价格指数计算表

类别	类指数/%	权数 w	指数×权数
居民消费价格指数	104.4	100	—
一、食品	106.2	42	44.604
二、烟酒及用品	102.4	6	6.144
三、衣着	99.58	10	9.958
1.服装	100.3	60	60.18
2.衣着材料	99.2	4	3.968
3.鞋帽袜及其他衣着	98.42	36	35.431 2
(1)鞋类	96.4	65	62.66
(2)袜子	105.2	15	15.78
(3)帽子	84	8	6.72
(4)其他衣着	110.5	12	13.26
四、家庭设备用品及维修	101.5	6	6.09
五、医疗保健及个人用品	102.4	5	5.12
六、交通和通信	99.3	10	9.93
七、娱乐教育文化用品	100.9	9	9.081
八、居住	112.3	12	13.476

利用表 8-7 资料依次计算各类别的消费价格指数和消费价格总指数。

(1)鞋帽袜及其他衣着类指数为

$$K_p = \frac{k_p \times w}{100} \times 100\% = \frac{96.4\% \times 65 + 105.2\% \times 15 + 84\% \times 8 + 110.5\% \times 12}{100} \times 100\%$$

$$= \frac{62.66 + 15.78 + 6.72 + 13.26}{100} \times 100\% = 98.42\%$$

(2)衣着类指数为

$$K_p = \frac{k_p \times w}{100} = \frac{100.3\% \times 60 + 99.2\% \times 4 + 98.42\% \times 36}{100} \times 100\%$$

$$= \frac{60.18 + 3.968 + 35.4312}{100} \times 100\% = 99.58\%$$

(3)居民消费价格总指数为

$$K_p = \frac{k_p \times w}{100} \times 100\% =$$

$$\frac{106.2\% \times 42 + 102.4\% \times 6 + 99.58\% \times 10 + 101.5\% \times 6 + 102.4\% \times 5 + 99.3\% \times 10 + 100.9\% \times 9 + 112.3\% \times 12}{100}$$
$$\times 100\%$$

$$= \frac{44.604 + 6.144 + 9.958 + 6.09 + 5.12 + 9.93 + 9.081 + 13.476}{100} \times 100\%$$

$$= 104.4\%$$

二、商品零售价格指数

商品零售价格指数(retail price index)是反映一定时期内商品零售价格变动趋势和变动程度的相对数,根据商品零售价指数的变化,人们可以掌握商品价格的变动趋势,为国家宏观调控和国民经济核算提供了参考依据。商品零售价格指数是通过商品零售价格的调查资料编制的。商品零售价格的调查范围涉及各种类型的工业、商业、餐饮业和其他行业的零售商品以及农民对非农业居民出售商品的价格,包括食品、饮料烟酒、服装鞋帽、纺织品、家用电器及音像器材、文化办公用品、日用品、体育娱乐用品、交通通信用品、家具、化妆品、金银珠宝、中西药品及医疗保健用品、书报杂志及电子出版物、燃料、建筑材料及五金电料等16个大类,229个基本分类的商品零售价格。

商品零售价格的调查资料采用抽样方法,按照经济区域和地区分布合理等原则,抽选出具有代表性的大、中、小型城市和县作为调查市、县,选择经营品种齐全、零售额大的中心市场、农贸市场作为价格调查点,定时定点定人对价格进行直接调查取得的。其计算包括以下五个步骤:一是采用简单算术平均方法计算代表规格品平均价格;二是计算基本分类指数——月环比指数和定基指数;三是逐级加权平均计算类别及总指数;四是根据市的城市和农村指数按城乡相应的零售额资料加权平均计算全市指数;五是采取换算方法确定价格指数。表 8-8 是我国国家统计局公布的我国 2014 年 6 月的商品零售价格分类指数(上年同月或同期为 100)。

表 8-8 我国商品零售价格分类指数(2014 年 6 月)

项目名称	上年同月			上年同期		
	全国	城市	农村	全国	城市	农村
商品零售价格指数	101.6	101.6	101.6	101.2	101.2	101.2
食品	103.6	103.8	103.3	103.3	103.5	102.7
饮料、烟酒	100.1	100.1	100.2	99.9	99.9	100
服装、鞋帽	102.6	102.7	102.4	102.2	102.2	102.3
纺织品	101.1	100.8	101.7	101	100.8	101.5
家用电器及音像器材	98.5	98.3	99.2	98.5	98.2	99.3
文化办公用品	98.8	98.5	99.9	98.7	98.4	99.9
日用品	100.6	100.4	100.8	100.6	100.4	101
体育娱乐用品	100.6	100.9	100	100.5	100.7	99.9

续 表

项目名称	上年同月			上年同期		
	全国	城市	农村	全国	城市	农村
交通、通信用品	98.9	98.8	99.1	98.4	98.3	98.8
家具	101.7	101.8	101.1	101.6	101.8	101
化妆品	100.8	100.8	100.7	100.8	100.8	100.9
金银珠宝	93.4	93.8	91.7	88.3	88.5	87.2
中西药品及医疗保健用品	101.6	101.7	101.4	102	102	101.8
书报杂志及电子出版物	101.1	101.2	100.7	101.1	101.2	100.8
燃料	103.5	103.5	103.3	101.4	101.4	101.2
建筑材料及五金电料	100.5	100.5	100.5	100.7	100.6	100.9

三、股票价格指数

(一)股票价格指数及其编制

股票价格指数是用以反映整个股票市场上各种股票市场价格的总体水平及其变动情况的指标,可简称为股票指数。它是由证券交易所或金融服务机构编制的表明股票行市变动的一种供参考的指示数字。

股价指数的编制方法主要有算术平均数和加权综合数两种,由于上市股票种类繁多,人们常常从上市股票中抽取若干种富有代表性的样本股票,计算其价格平均数或综合指数,用以表示整个市场的股票价格总趋势及涨跌幅度。计算股价平均数或综合指数时经常考虑以下几点。

(1)样本股票必须具有典型性、普通性。为此在选择样本时,应综合考虑其行业分布、市场影响力、股票等级、适当数量等。

(2)计算方法应具有高度的适应性,能对不断变化的股市行情做出相应的调整或修正,使股票指数或平均数有较好的敏感性。

(3)要有科学的计算依据和手段。计算依据的口径必须统一,一般均以收盘价为计算依据,但随着计算频率的增加,有的以每小时价格甚至更短的时间价格计算。

(4)基期应有较好的均衡性和代表性。

基于以上原则可知,股票价格指数的计算方法很多,但一般以发行量(或成交量)为权数进行加权综合,多数是以报告期发行量为权数,计算公式为

$$K_p = \frac{\sum p_1 q_1}{\sum p_0 q_1}$$

式中:K_p 为股票价格指数,以"点"表示,p_1、p_0 分别为样本股票交易价格和股票基准日价格;q_1 为股票交易日发行量或成交量。

【例8-8】 现有三种股票的价格和发行量资料见表8-9，请计算股票价格指数。

表8-9 某股市三种股票交易情况

股票名称	股价/元		报告期发行量 q_1
	基期 p_0	报告期 p_1	万股
甲	8.4	8.0	40 000
乙	9.3	10.5	80 000
丙	10	12	50 000

解：根据表8-9资料可得

$$K_p = \frac{\sum p_1 q_1}{\sum p_0 q_1} \times 100\% = \frac{8.0 \times 40\,000 + 10.5 \times 80\,000 + 12 \times 50\,000}{8.4 \times 40\,000 + 9.3 \times 80\,000 + 10 \times 50\,000} \times 100\%$$

$$= \frac{176}{158} \times 100\% = 111.39\%$$

计算结果表明，该股市三种股票报告期价格水平较基期上涨了11.39%。

(二)几种常见的价格指数

1. 道琼斯指数

道琼斯指数的全称为股票价格平均指数，它是世界上历史最为悠久的股票指数，也是目前世界上影响最大、最有权威性的一种股票价格指数。它是在1884年由道琼斯公司的创始人查尔斯·亨利·道开始编制的。最初的道琼斯指数是根据11种具有代表性的铁路公司的股票，采用算术平均法进行计算编制而成，发表在查尔斯·亨利·道自己编辑出版的《每日通讯》上。其计算公式为

股票价格平均数＝入选股票的价格之和/入选股票的数量

目前，道琼斯指数由四种股价平均指数构成：

(1)工业股票价格平均指数。工业股票价格平均指数由30种有代表性的大工商业公司的股票组成，且随经济发展而变化，大致可以反映美国整个工商业股票的价格水平，这也就是人们通常所引用的道琼斯工业股票价格平均数。

(2)运输业股票价格平均指数。运输业股票价格平均指数包含20种有代表性的运输业公司的股票，即8家铁路运输公司、8家航空公司和4家公路货运公司。

(3)公用事业股票价格平均指数。公用事业股票价格平均指数由代表着美国公用事业的15家煤气公司和电力公司的股票所组成。

(4)平均价格综合指数。平均价格综合指数是综合前三组股票价格平均指数65种股票而得出的综合指数，这组综合指数虽然为优等股票提供了直接的股票市场状况，但现在通常引用的是第一组——工业股票价格平均指数。

2. 标准普尔指数

标准普尔指数由美国最大的证券研究机构标准普尔公司计算并发表，它包括400种工业股、40种公用事业股、20种交通事业股以及40种商业银行股和保险股。标准普尔公司利用现代高速电子计算机计算出平均价格指数，并每小时公布一次结果。标准普尔公司计算

的 500 种股票其总值占纽约证券交易所股票总值的一大半,因此它的影响和分量是很大的,美国商业周刊每期都刊登标准普尔指数。

3. 恒生指数

恒生指数是香港股票市场上历史最久、影响最大的股票价格指数,由香港恒生银行于 1969 年 11 月 24 日首次公开发布。

恒生指数是以香港 500 多家上市公司中挑选出来的 33 家有代表性且经济实力雄厚的大公司股票作为成份股样本,分为 4 种金融业股票、6 种公用事业股票、9 种地产业股票和 14 种其他工商业(包括航空和酒店)股票 4 大类。33 家上市公司的股票总值占全部上市公司股票总值的 2/3,因此该股票指数涉及到香港的各个行业,具有较强的代表性。

恒生指数以 1964 年 7 月 31 日为基期,因为这一天香港股市运行正常,成交值均匀,可反映整个香港股市的基本情况,基期指数定为 100 点。其计算方法是将 33 种股票按每天的收盘价乘以各自的发行股数为计算日的市值,再与基期的市值相比较,乘以 100 就得出当天的股票价格指数。

由于恒生指数所选择的基期适当,因此,不论股票市场狂升或猛跌,还是处于正常交易水平,恒生股票价格指数基本上能反映整个股市的活动情况。

4. 上海证券综合指数

上海证券综合指数是由上海证券交易所编制的股票指数,于 1991 年 7 月 15 日起正式发布,该股票指数的样本为在上海证券交易所挂牌上市的所有股票,其中新上市的股票在挂牌的第二天纳入股票指数的计算范围。

上海证券综合指数的权数为上市公司的总股本。由于我国上市公司的股票有流通股和非流通股之分,其流通量与总股本并不一致,所以总股本较大的股票对股票指数的影响就较大,上海证券综合指数常常就成为机构大户造市的工具,使股票指数的走势与大部分股票的涨跌相背离。

上海证券综合指数的发布几乎是和股票行情的变化相同步的,它是我国股民和证券从业人员研判股票价格变化趋势必不可少的参考依据。

重点和难点

(一)指数的意义和种类

重点:指数的概念。

(二)综合指数

重点:数量指标综合指数和质量指标综合指数的编制。

难点:综合指数的应用。

(三)平均指数

重点:加权算术平均指数的编制。

难点:平均指数的应用。

(四)指数体系及因素分析

重点:指数体系的概念、因素分析。

难点:平均指标指数因素分析。

同步综合练习

一、思考题

1. 什么是统计指数?统计指数有何作用?
2. 什么是同度量因素?其在编制综合指数中有何作用?
3. 简述综合指数编制的一般步骤。
4. 简述平均指数与平均指标指数的区别
5. 什么是指数体系?指数体系有何作用?
6. 简述因素分析的步骤。

二、计算题

1. 表 8-10 为某地区 2013—2014 年粮食销售量资料。

表 8-10 某地区 2013—2014 年粮食销售情况

产品名称	2013 年		2014 年	
	价格/(元·斤$^{-1}$)	销售量/万斤	价格/(元·斤$^{-1}$)	销售量/万斤
小麦	2.2	500	2.23	450
大米	2.58	200	2.8	300
高粱	2.15	50	2.26	55

要求:

(1)计算各种粮食销售量的个体指数;

(2)计算三种粮食销售量总指数。

2. 表 8-11 为某市四种商品价格和销售量的资料。

表 8-11 某市四种商品价格和销售量情况

品种	基期		报告期	
	零售价/(元·kg^{-1})	销售量/万吨	零售价/(元·kg^{-1})	销售量/万吨
蔬菜	2.8	5	3	5.2
猪肉	18.6	4.66	20	5.52
鲜蛋	5.4	1.2	5.6	1.15
水产品	25.8	1.15	28	1.3

要求:
(1)计算各种商品零售物价的个体指数;
(2)计算四种商品物价总指数。
3.设有三种股票的价格和发行量资料见表 8-12,试计算股票的价格指数。

表 8-12 某三种股票的价格和发行量情况

股票名称	基期价格/元	本日收盘价格/元	发行量/万股
A	16.57	16.98	12 000
B	14.3	14	3 500
C	22.1	22.46	2 000

4.某家电公司为了提高销售额,对公司所生产的热水器、空调、彩电和冰箱四种商品采取降价策略,表 8-13 为其价格下调幅度及调价后一个月的销售额资料。

表 8-13 某家电公司产品下调幅度及调价后一个月的销售额情况

商品名称	调价幅度/%	销售额/万元
热水器	−12.0	106
空调	−10.0	54
冰箱	−8.0	180
彩电	−15.5	250

要求:
(1)计算与本次调价前一个月的价格水平相比,上述四种商品价格平均下调了百分之几?
(2)由于价格下调使,销售额减少了多少万元?
5.表 8-14 为某药店 2014 年第三季度和第四季度三种药品的销售数据。

表 8-14 某药店 2014 年第三季度和第四季度三种药品的销售情况

药品名称	销售额/万元		第四季度与第三季度相比价格提高(+)或下降(−)幅度/%
	第三季度	第四季度	
甲	150	155	5
乙	220	180	−4
丙	90	100	7

根据表中资料列表:
(1)计算三种药品的价格综合指数。
(2)计算三种药品总销售额增长的百分比以及变动额。
(3)用 2014 年第四季度的销售额作为权数,计算三种药品的价格指数以及由于价格变动而影响的销售额。

(4)利用指数体系的关系推算三种药品的销售量指数以及由于销售量变动而影响的销售额。

6. 表8-15为某企业2013年和2014年三种商品的销售资料。

表8-15 某企业2013年和2014年三种商品的销售资料

商品名称	2014年销售量为2013年的百分比/%	2014年销售价格为2013年的百分比/%	销售额/万元	
			2013年	2014年
甲	110.5	108.2	126	162
乙	98.6	135.7	60	72
丙	124.3	110	280	448
合计	—	—	466	682

要求计算：
(1)三种商品销售量总指数和销售价格总指数；
(2)由于销售量增加而增加的销售额和由于价格上升而增加的销售额。

7. 表8-16为某企业三种产品的进口量及进口单价资料。

表8-16 某企业三种产品的进口量及进口单价情况

产品	基期		报告期	
	单价/(万元/套)	进口量/套	单价/(万元/套)	进口量/套
甲	4.8	15	4.5	26
乙	10.5	10	14	5
丙	6	23	6	28

根据资料计算(保留两位小数)：
(1)该企业进口额总指数及进口额变动的绝对额。
(2)进口单价总指数及由于单价变动而增减的进口额。
(3)进口量总指数及由于进口量变动而增减的进口额。
(4)写出进口额变动的因素分析关系式。

8. 表8-17为某种商品在三个超市不同时期的销售资料。

表8-17 某种商品在三个超市不同时期的销售情况

市场	销售价格/(元·kg^{-1})		销售量/kg	
	基期	报告期	基期	报告期
沃尔玛	2.2	2.6	840	760
家乐福	2.35	2.8	760	710
永辉	2.5	2.4	500	540
合计	—	—	2 100	2 010

要求:
(1)分别编制该商品总平均价格的可变构成指数、固定构成指数和结构变动影响指数;
(2)建立指数体系,从相对数的角度进行总平均价格变动的因素分析;
(3)综合分析销售总量变动和平均价格变动对该商品销售总额的影响。

第九章 相关和回归分析

在学习本章后,学生应能够熟练掌握相关系数的概念及计算、回归分析的概念、回归分析与相关分析的关系、简单线性回归分析的概念,了解相关系数的显著性检验、回归预测的置信区间、线性回归模型的准确性评价、简单线性回归模型的显著性检验等知识点。

第一节 相关分析概述

一、相关分析的概念

许多社会经济现象之间都存在着一定的联系,它们在互相依赖、互相制约、互相作用中不断发展。客观现象之间联系的状态,可以通过一定的数量关系反映出来,这种关系归纳起来有两种类型:一种是非确定性关系,也称为相关关系,例如居民收入水平与消费支出水平、产品产量与生产费用、商品销售量与销售价格、汇率与进出口额等,这些变量之间存在着一种非确定性的数量依存关系;另一种是确定性关系,也称为函数关系,例如圆的半径与面积、概率与概率度等,这些变量之间存在着确定性的数量依存关系。

在统计上,把客观现象之间存在的这种不确定的数量依存关系称为相关关系。从数量上研究现象之间相关关系的理论和方法称为相关分析。广义的相关分析包括相关分析和回归分析,其既研究变量之间关系的密切程度,又用函数关系式表达相互影响的变量之间存在的形式及数量规律;狭义的相关分析仅研究变量之间关系的密切程度。这里我们从广义角度进行相关分析。函数关系是指现象间所存在的确定的数量依存关系,即对自变量的任何一个数值,因变量都有唯一确定的数值与之相对应。

相关关系与函数关系也有非常密切的联系。在研究相关关系时,可以利用函数关系表达式来表现相关关系的数量联系;在实践中,由于存在观察误差或测量误差,可能会发生函数关系和相关关系的误判。

二、相关关系的种类

按分类依据不同,相关关系可做如下分类。

(一)按变量之间相关的程度不同,分为不相关、不完全相关和完全相关

如果两个变量之间没有任何联系,彼此的数量变化互不影响,这种关系称为不相关。如果一个变量的数量变化引起另一个变量的数量发生唯一变化时,这两个变量间的关系称为完全相关,即函数关系,所以函数关系是相关关系的一种特殊情形。如果两个变量之间的关系介于不相关和完全相关之间,就称为不完全相关。大多数相关现象都是不完全相关的。

(二)按变量之间相关的方向不同,分为正相关和负相关

如果两个相关的变量之间,呈现出同方向变化趋势时,这种相关关系称为正相关。如果两个现象之间呈现出反方向变化趋势时,这种相关关系称为负相关。

(三)按变量之间相关的形式不同,分为线性相关和非线性相关

对存在相关关系的两个变量而言,一个变量的数值发生变化时,另一个变量的数值随之发生大致均等的变化,把这种相关关系称为线性相关(也称为直线相关)。从散点图上看,各个观测点的分布近似地表现为直线形式。当存在相关关系的一个变量数值变动时,另一个变量的数值也随之发生不均等的变动,把这种相关关系称为非线性相关(也称为曲线相关)。从散点图上看,各个观测点的分布近似地表现为不同的曲线。

(四)按相关变量的多少不同,分为单相关和复相关

单相关是指只反映一个自变量和一个因变量的相关关系。但是社会经济现象是复杂的,某一现象的变动往往要受许多因素影响。反映两个以上的自变量和同一个因变量之间的相关关系,称为复相关。

三、相关分析的步骤

(一)对客观现象进行定性分析,判断现象之间的相关性

根据社会经济理论和实践经验,对社会经济现象进行定性分析,判断变量之间是否存在相关关系,这是进行相关分析的前提和基础。

(二)绘制相关图

进行定性分析确定了变量之间存在相关关系后,利用相关图进一步判断变量之间相关的方向及形式。

(三)计算相关系数

用相关图确定了变量之间相关的方向和形式,但不能确定变量之间关系的密切程度,可用计算相关系数来确定这个问题。相关系数是反映具有线性相关关系的两个变量之间关系密切程度的统计指标。

(四)进行回归分析(确定回归直线)

当两个变量之间的相关程度为显著性相关或者高度相关时,就有必要通过回归分析,确定变量之间相关的形式,并用函数关系式将变量之间相互影响的数量规律反映出来。这里主要研究一元线性回归,多元线性回归问题的研究方法,在计量经济学中介绍。

(五)计算估计标准误差

建立了两个变量之间的线性回归方程之后,需要评价回归直线的代表性如何,需要运用估计标准误差指标来衡量。

(六)进行回归估计(或回归预测)

在确定了线性回归方程具有良好的代表性之后,就可以利用线性回归方程进行回归估计或回归预测。

第二节 相关系数

在定性分析确定了变量之间存在相关关系之后,要如何确定变量之间相关的方向和形式及相关程度呢? 可以利用相关图判断变量之间相关的方向及形式,利用相关系数判断变量之间相关关系的密切程度。

一、相关图

相关图又叫散点图。它是利用直角坐标系,将其中一个变量的数值放在横轴上,另一变量的数值放在纵轴上,将两个变量的对应数值用坐标点画出来,相关点的分布情况就可以大致表现出两个变量之间相关的方向及形式。两个变量之间相关关系的各种类型如图11-1～图11-3所示。

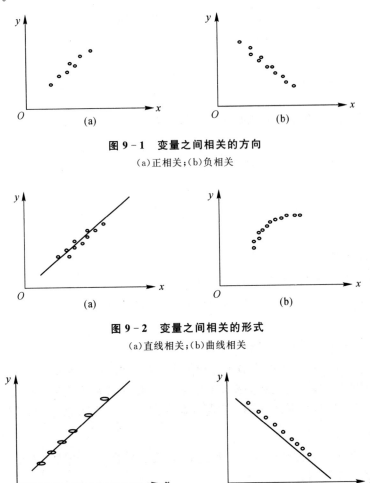

图 9-1 变量之间相关的方向
(a)正相关;(b)负相关

图 9-2 变量之间相关的形式
(a)直线相关;(b)曲线相关

图 9-3 变量之间相关的程度
(a)完全正相关;(b)完全负相关

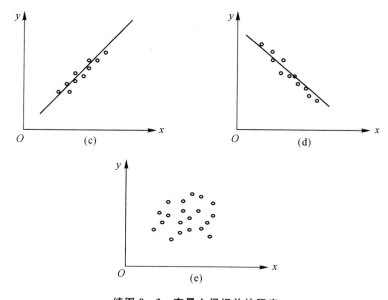

续图 9-3 变量之间相关的程度
(c)不完全正相关；(d)不完全负相关；(e)不相关

二、相关系数

(一)相关系数的概念

从相关图可以判断两个现象之间相关的类型,但不能准确判断其关系的密切程度。要判断现象之间相关关系的密切程度,需要计算相关系数。相关系数是说明在直线相关条件下两个变量之间关系密切程度的统计指标。

(二)相关系数的计算

$$r = \frac{\sigma^2_{XY}}{\sigma_X \sigma_Y} = \frac{\frac{1}{n}\sum(X-\bar{X})(Y-\bar{Y})}{\sqrt{\frac{\sum(X-\bar{X})^2}{n}}\sqrt{\frac{\sum(X-\bar{X})^2}{n}}}$$

式中：σ^2_{XY} 为 X、Y 的协方差；σ_X 为 X 的标准差；σ_Y 为 Y 的标准差

将上述相关系数的基本计算公式化简,可得到计算相关系数的积差法公式为

$$r = \frac{\sum(X-\bar{X})(Y-\bar{Y})}{\sqrt{\sum(X-\bar{X})^2}\sqrt{\sum(Y-\bar{Y})^2}}$$

将上式的分子分母展开化简,可得计算相关系数的简捷公式为

$$r = \frac{n\sum XY - \sum X \sum Y}{\sqrt{n\sum X^2 - (\sum X)^2} \cdot \sqrt{n\sum Y^2 - (\sum Y)^2}}$$

【例 9-1】 某企业年广告投入与月均销售额之间的线性相关资料见表 9-1。

表 9-1 年广告投入与月均销售额相关数据及相关系数计算表

序号	年广告投入(X)/万元	月均销售额(Y)/万元	X^2	Y^2	XY
1	12.5	21.2	156.25	449.44	265.00
2	15.3	23.9	234.09	571.21	365.67
3	23.2	32.9	538.24	1 082.41	763.28
4	26.4	34.1	696.96	1 162.81	900.24
5	33.5	42.5	1 122.25	1 806.25	1 423.75
6	34.4	43.2	1 183.36	1 866.24	1 486.08
7	39.4	49.0	1 552.36	2 401.00	1 930.60
8	45.2	52.8	2 043.04	2 787.84	2 386.56
9	55.4	59.4	3 069.16	3 528.36	3 290.76
10	60.9	63.5	3 708.81	4 032.25	3 867.15
合计	346.2	422.5	14 304.52	19 687.81	16 679.09

由表可得

$$r = \frac{n\sum XY - \sum X \sum Y}{\sqrt{n\sum X^2 - (\sum X)^2}\sqrt{n\sum Y^2 - (\sum Y)^2}}$$

$$= \frac{10 \times 16\,679.09 - 346.2 \times 422.5}{\sqrt{10 \times 14\,304.52 - 346.2^2}\sqrt{10 \times 19\,687.81 - 422.5^2}}$$

$$= 0.994\,2$$

相关系数为 0.994 2,说明该企业年广告投入费与月平均销售额之间有高度的线性正相关关系。

需要说明的是,相关系数的计算公式还可以通过代数变换,形成其他形式,即

$$r = \frac{\sum XY - n \times \bar{X} \times \bar{Y}}{\sqrt{\sum X^2 - n(\bar{X})^2}\sqrt{\sum Y^2 - n(\bar{Y})^2}}$$

$$r = \frac{\overline{XY} - \bar{X} \times \bar{Y}}{\sqrt{\overline{X^2} - (\bar{X})^2}\sqrt{\overline{Y^2} - (\bar{Y})^2}}$$

相关系数的取值范围在±1之间,负号表明是负相关,正号表明是正相关。

(三)相关系数密切程度的判断

一般情况下,依据相关系数判断变量之间线性相关的密切程度的标准是:

(1)当 $r=0$ 时,X 和 Y 不相关,或者不存在直线相关。

(2)当 $0 < |r| \leqslant 0.3$ 时,X 和 Y 为微弱相关。

(3)当 $0.3 < |r| \leqslant 0.5$ 时,X 和 Y 为低度相关。

(4)当 $0.5 < |r| \leqslant 0.8$ 时,X 和 Y 为中度相关(或者显著相关)。

(5)当 $0.8 < |r| 1$ 时,X 和 Y 为高度相关。

(6)当 $|r| = 1$ 时,X 和 Y 完全相关,即所有散点完全落在一条直线上,也就是函数关系。

实际上,社会经济现象之间几乎不存在完全相线性相关关系。

三、相关系数的显著性检验

测算两个变量之间的线性相关的密切程度时,所计算的相关系数是依据从二元总体中随机抽取的一个样本因而带有一定的随机性。可能计算出来的样本相关系数值很大,而总体却可能并不具备相关性。那么总体到底有没有线性相关关系,在得出结论前,就必须要做假设检验。因此,相关系数也有一个显著性检验问题,即通过样本相关系数 r 对总体相关系数 ρ 是否等于零做出判断。

检验样本(相关系数为 r)是否会来自于一个无线性相关关系的总体(总体的相关系数为 ρ),可以采用 t 检验法检验。

根据不同显著性水平 α 以及自由度 $(n-2)$ 直接查相关系数检验表。若 $|r|$ 超过了临界值,则认为总体相关系数 ρ 不等于零,变量 X 和 Y 之间的直线相关关系在 α 水平上是显著的,否则,不显著。检验步骤为:

(1)原假设:

$H_0:\rho = 0$;备择假设:$H_1:\rho \neq 0$。

(2)检验统计量为:$t = r\sqrt{\dfrac{n-2}{1-r^2}}$,其中 $n-2$ 为自由度。

(3)依据显著性水平为 α,查 t 表的临界值:$t_{\frac{\alpha}{2}}(n-2)$。

(4)若 $|t| \geqslant t_{\frac{\alpha}{2}}(n-2)$,则拒绝原假设,接受备择假设,即认为样本的线性相关关系显著,可以说明总体的两个变量间存在着线性相关关系,检验通过。若果 $|t| < t_{\frac{\alpha}{2}}(n-2)$,则结论相反。

在此例中 $n=10$,若取 $\alpha=5\%$,查相关系数检验表(见附表4),有 $R_{0.01}(8) = 0.632(n-2=8)$ 相应的值为 0.632,故认为 X 和 Y 之间的线性相关相关系数在 $\alpha = 0.05$ 水平上是显著的。若取 $\alpha=1\%$ 相应的值为 0.765,$r=0.9947 > 0.765$。因此,年广告费投入与月平均销售额之间有高度的线性相关关系。

四、计算相关系数应注意的问题

(1)变量 Y 与变量 X 的相关系数等于变量 X 与变量 Y 的相关系数,即 $r_{YX} = r_{XY}$。

(2)简单相关系数只适用于两个变量之间的相关关系。若多个(两个以上)变量时,就要计算复相关系数(或偏相关系数),反映变量之间相关的程度。

(3)相关系数 r 只适用于简单直线相关,如果是非直线相关,就要计算相关指数。

(4)相关系数不能解释两变量间的因果关系。相关系数只是表明两个变量间互相影响的程度和方向,它并不能说明两变量间是否有因果关系,以及何为因,何为果,即使是在相关系数非常大时,也并不意味着两变量间具有显著的因果关系。

(5)相关分析要以定性分析为前提和基础,警惕虚假相关(或称虚拟相关)导致的错误结论。

第三节 一元线性回归分析

一、回归分析的概念

对于存在相关关系的两个变量来说,相关分析可以说明它们之间相关的方向和程度,但不能说明它们之间具体的数量因果关系。也就是说,当给出自变量的一个数值时,因变量的取值可能是多少,这是回归分析才能解决的问题。

回归分析就是建立一个数学方程,用之反映变量之间相互依存的具体数量因果关系,以便用给定的自变量数值来估计或预测因变量可能的数值,将该数学方程叫回归模型。由于变量之间相关的形式不同,采用的回归模型就不同。当回归模型用于表达变量之间的线性数量关系时,叫直线回归模型(或直线回归方程)。当回归模型用于表达变量之间的非线性数量关系时,叫曲线回归模型(或曲线回归方程)。在这里,我们主要讨论回归直线模型。

"回归"一词最初是由英国统计学家弗朗西斯·高尔顿(Francis Galton)提出来的。19世纪,英国生物学家高尔顿对人体遗传学进行了研究,他发现子女有回归到上一代原有特性的倾向。高尔登曾经调查了1 078对父、子的身高,于1889年发表了一篇关于遗传学的论文。文中指出:①个子高的父亲,其子女个子也高,个子低的父亲,其子女个子也低。②平均来说,高个子父亲的子女平均身高要低于父亲的平均身高,低个子父亲的子女平均身高要高于他们父亲的平均身高。也就是说,他们都有"回归"到父亲身高的趋势。高尔登还把这种关系用数学公式表示出来,这就是著名的"回归规律"。从此"回归"一词被就广泛用于生物学、心理学、教育学、经济学等各个学科领域,回归分析方法在经济理论研究和实证研究中也发挥着重要的作用。

二、回归分析与相关分析的联系与区别

回归分析与相关分析有着密切的联系。相关分析是回归分析的前提和基础。相关分析从定性核定量上对现象间是否具有相关关系及关系的密切程度作出判断,为回归分析奠定了基础;回归分析是相关分析的深入和继续。回归分析通过建立回归模型,才能反映变量之间存在的数量因果关系,并据此进行估计或预测。因此,把两者结合起来分析,才有实际意义。

回归分析与相关分析有如下区别:

(1)相关分析中两个变量是对等关系;回归分析中两个变量不是对等关系,一个为自变量,另一个为因变量。

(2)对两个变量 X 和 Y 来说,相关分析只能计算出一个反映两变量间关系密切程度的相关系数;回归分析可以建立两个不同的回归方程。将 X 作为自变量,Y 作为因变量,得出 Y 关于 X 的回归方程。将 Y 作为自变量,X 作为因变量,得出 X 关于 Y 的回归方程。

(3)相关分析要求两个变量都是随机的;回归分析要求自变量是给定的,因变量是随机的。

三、简单线性回归分析

简单线性回归分析就是对两个具有显著性线性相关关系的变量配合一个线性回归方程,用以测定变量之间的数量因果关系,并据以进行估计或预测的统计方法。

简单线性回归分析主要任务是在自变量 X 和因变量 Y 之间选择一个线性函数形式,即选择线性回归模型的一般形式:

$$\hat{Y} = a + bX$$

式中,X 为自变量;$\hat{Y}$ 为因变量的 Y 的估计值,又称理论值。

确定线性回归模型 $\hat{Y} = a + bX$,主要是确定回归参数 a 和 b,那么如何选择最为满意的 a 和 b 呢?

最小平方法给出了解决方案,其基本思想是要求各散点到该直线的垂直距离的二次方和为最小值,这样才能得出一条最优的、唯一的线性回归方程,即

$$\sum (Y - \hat{Y})^2 = 最小值$$

也就是:

$$\sum (Y - a - bX)^2 = 最小值$$

通过计算 a、b 的一阶偏导数,得到如下的标准方程组:

$$\begin{cases} \sum Y = na + b\sum X \\ \sum XY = a\sum X + b\sum X^2 \end{cases}$$

解得

$$\begin{cases} b = \dfrac{n\sum XY - \sum X \sum Y}{n\sum X^2 - (\sum X)^2} \\ a = \bar{Y} - b\bar{X} \end{cases}$$

将 a、b 的值代入线性回归模型的一般形式中,即得所求的线性回归模型。

【例 9-2】 根据表 9-1 的资料计算回归参数,见表 9-2 所示。

表 9-2 年广告投入与月均销售额回归参数计算表   单位:万元

序号	广告投入 X	月均销售额 Y	X^2	Y^2	XY	$\hat{Y}=8.5149+0.8849X$
1	12.5	21.2	156.25	449.44	265.00	19.58
2	15.3	23.9	234.09	571.21	365.67	22.05
3	23.2	32.9	538.24	1 082.41	763.28	29.04
4	26.4	34.1	696.96	1 162.81	900.24	31.88
5	33.5	42.5	1 122.25	1 806.25	1 423.75	38.16
6	34.4	43.2	1 183.36	1 866.24	1 486.08	38.99

续表

序号	广告投入 X	月均销售额 Y	X^2	Y^2	XY	$\hat{Y}=8.5149+0.8849X$
7	39.4	49.0	1 552.36	2 401.00	1 930.60	43.38
8	45.2	52.8	2 043.04	2 787.84	2 386.56	48.51
9	55.4	59.4	3 069.16	3 528.36	3 290.76	57.54
10	60.9	63.5	3 708.81	4 032.25	3 867.15	62.41
合计	346.2	422.5	14 304.52	19 687.81	16 679.09	—

要求：

(1) 建立企业销售额依广告投入的线性回归模型。

(2) 依据回归模型预测年广告投入达到 100 万元时的月均销售额为多少？

解：(1) 假设该企业销售额依广告投入的线性回归模型为

$$\hat{Y} = a + bX$$

$$b = \frac{n\sum XY - \sum X \sum Y}{n\sum X^2 - (\sum X)^2} = \frac{10 \times 16\,679.09 - 346.2 \times 422.5}{10 \times 14\,304.52 - (346.2)^2} = 0.8849$$

$$a = \bar{Y} - b\bar{X} = \frac{422.5}{10} - 0.8849 \times \frac{346.2}{10} = 11.6148$$

所以回归模型为

$$\hat{Y} = 11.6148 + 0.8849X$$

回归系数 $b=0.8849$ 表明，每当广告投入增加 1 万元，企业销售额就增加 0.8849 万元。

(2) 当该企业的年广告投入达到 100 万元时，月均销售额为 100.1048 万元。

可见，回归系数 b 表明自变量每增加(或减少)一个单位，因变量将平均增加(或减少)多少单位；当 $b \geqslant 0$ 时，自变量和因变量的变动方向相同；当 $b \leqslant 0$ 时，自变量和因变量的变动方向相反；回归系数 b 的变化方向和相关系数 r 的变化方向相同。

根据所求解的线性回归模型，给出自变量任一数值，预测因变量的理论值。

四、回归预测的置信区间

根据线性回归模型和估计标准误差，可以进一步对因变量 Y 的置信区间做出预测，借以确定线性回归模型预测的范围。

由于 Y 和 X 之间存在线性相关关系，当样本容量较大且 X 取值在 $\bar{X}$ 附近时，对于每一个给定的 $X=X_0$ 值来说，会有多个对应的 Y 值存在。从理论上讲，这些 Y 以 $\hat{Y}_0$ 为中心形成一个正态分布，可假定它们是同方差分布(即 Y 分布的方差相同)。这样根据样本数据求出估计值(或回归值)的标准误差以后，就可以利用标准化正态分布曲线下的面积查对表，以一定的概率和精确度对总体回归值作出区间估计。一般有：Y 值落在 $\hat{Y}_0 \pm S_{YX}$ 之间的概率为 68.27%；Y 值落在 $\hat{Y}_0 \pm 2S_{YX}$ 之间的概率为 95.45%；Y 值落在 $\hat{Y}_0 \pm 3S_{YX}$ 之间的概率为 99.73%；

由此可见，估计标准误差 S_{YX} 越小，则由回归模型预测 Y 的值就越精确，因而可以把 S_{YX} 作为估计回归模型精确度的标志。

建立置信区间，就可以进行区间估计。例如，以 95.45% 的置信水平，利用回归模型预测 Y 值时，这一估计区间在 $2S_{YX}$ 范围内。也就是说，在这一估计区间包含该估计值的概率为 95.45%。以表 11-2 资料为例，当该企业的年广告投入达到 100 万元时（即 $X_0 = 100$ 万元），月均销售额的估计值为

$$\hat{Y}_0 = a + bX = 11.6148 + 0.8849 \times 100 = 100.1048（万元）$$

则置信区间或预测区间存在：

上限：
$$\hat{Y}_0 + 2S_{YX} = 100.1048 + 2 \times 12.9 = 125.9048（万元）$$

下限：
$$\hat{Y}_0 - 2S_{YX} = 100.1048 - 2 \times 12.9 = 74.3048（万元）$$

即在 74.3048~125.9048 万元之间，包含估计的 Y 值的概率为 95.45%。

需要说明的是：其一，在回归分析中，按照回归模型，依据给定的自变量 X 的值，计算因变量 Y 的数值，一般称为估计或预测。当 X 在样本数值范围内取值计算 Y 值时称为估计，当 X 在样本数值范围之外取值计算 Y 值时称为预测。预测时，应注意 X 取值不宜离开样本范围太远，否则，误差会更大。其二，估计标准误差 S_{YX} 的详细内容详见本章第四节。

第四节 线性回归分析的评价和检验

上面我们利用所建立的线性回归模型，用于预测因变量的理论值。但由于变量之间的线性回归模型是根据随机样本计算的，根据回归模型预测的理论值 $\hat{Y}$，一定与 Y 的实际值之间存在差异。这个理论值和实际值可能一致，也可能不一致，因而就产生了线性回归模型的准确性和可靠性问题。如何去评价回归模型的准确性？如何去检验回归模型的可靠性？这是本节要研究的问题。

一、线性回归模型的准确性评价

评价回归模型的准确性，主要依据估计标准误差和可决系数 R^2（又称样本拟合优度）两个分析指标。

（一）估计标准误差

估计标准误差就是实际值和理论值的平均离差。若估计标准误差愈大，则线回归模型的代表性愈小。反之亦然。可以肯定，估计标准误差越小，回归模型的预测结果才具有实用价值。估计标准误差的计算公式为

$$S_{YX} = \sqrt{\frac{\sum(Y-\hat{Y})^2}{n-2}}$$

式中：S_{YX} 代表估计标准误差；Y 是因变量实际值；$\hat{Y}$ 因变量的预测值；$n-2$ 称为自由度。在简单线性回归分析中，线性回归直线失去了两个自由度。在实际应用中，当 $n \geqslant 30$ 为大样

本时,也可用 n 代替 $n-2$,其结果差别不大。

但当实际观测值个数多且数值较大时,根据定义公式计算估计标准误差比较麻烦,可将其化简成简捷式:

$$S_{YX} = \sqrt{\frac{\sum Y^2 - a\sum Y - b\sum XY}{n-2}}$$

【例 9-3】 根据表 11-1 资料,计算估计标准误差如下:

$$S_{YX} = \sqrt{\frac{19\,687.81 - 8.514\,9 \times 422.5 - 0.884\,9 \times 16\,679.09}{10-2}} = 12.90 \text{(万元)}$$

计算结果表明,销售额的实际观测值到回归直线的离差平均说来为 12.90 万元。

(二)可决系数 R^2

1. 可决系数 R^2 定义

可决系数 R^2,是测定样本回归模型拟合的优劣程度的重要指标。其计算公式为

$$R^2 = \frac{\text{回归变差}}{\text{总变差}} = \frac{\sum \hat{Y}_i - \bar{Y}^2}{\sum (Y_i - \bar{Y})^2}$$

在实际工作中,R^2 也可用下式计算:

$$R^2 = 1 - \frac{\sum (Y_i - \hat{Y}_i)^2}{\sum (Y_i - \bar{Y})^2}$$

2. 变差分解观察(见图 9-4)

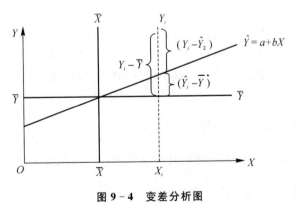

图 9-4 变差分析图

在图 9-4 中,Y_i 点为坐标中对应于 X_i 的 Y 的任一观测点,可以看出,Y_i 的离差,即 $Y_i - \bar{Y}$ 可以分解为

$$(Y_i - \bar{Y}) = (\hat{Y}_i - \bar{Y}) + (Y_i - \hat{Y}_i)$$

其余的每个观测点的离差都可以作这样的分解,于是将上式两边平方,对所有 n 个观测点的离差平方求和,则

$$\sum (Y_i - \bar{Y})^2 = \sum [(\hat{Y}_i - \bar{Y}) + (Y_i - \hat{Y}_i)]^2$$

$$= \sum (\hat{Y}_i - \bar{Y})^2 + \sum (Y_i - \hat{Y}_i)^2 + 2\sum (\hat{Y}_i - \bar{Y})(Y_i - \hat{Y}_i)$$

因为

$$\sum (\hat{Y}_i - \bar{Y})(Y_i - \hat{Y}_i)$$
$$= \sum (a + bX_i - \bar{Y})(Y_i - \hat{Y}_i)$$
$$= \sum [(a - \bar{Y})(Y_i - \hat{Y}_i) + bX_i(Y_i - \hat{Y}_i)]$$
$$= (a - \bar{Y})\sum (Y_i - \hat{Y}_i) + b\sum (Y_i - \hat{Y}_i)X_i$$

最小平方法要求 $\sum (Y_i - \hat{Y}_i) = 0$,且标准方程组中 $\sum (Y_i - \hat{Y}_i)X_i = 0$,故有

$$\sum (\hat{Y}_i - \bar{Y})(Y_i - \hat{Y}_i) = 0$$

即

$$\sum (Y_i - \bar{Y})^2 = \sum (\hat{Y}_i - \bar{Y})^2 + \sum (Y_i - \hat{Y}_i)^2$$

$\sum (Y_i - \bar{Y})^2$ 称为总变差,记作 SST。它反映了所有 Y 的实际观测值与样本平均值之间的总变差;

$\sum (\hat{Y}_i - \bar{Y})^2$ 称为回归变差或有解释的变差,记作 SSR。它反映了所有回归直线上的点(即由 X 所解释或引起变化)与 Y 的平均值之间的变差。

$\sum (Y_i - \hat{Y}_i)^2$ 称为剩余变差或未解释的变差,记作 SSE。它反映 Y_i 的总变差中由 X 以外的其他因素所引起的未得到解释的变差,亦即总变差中减去回归变差后的剩余变差。于是有

$$总变差 = 回归变差 + 剩余变差$$
$$或总变差 = 有解释的变差 + 未解释的变差$$

可以证明

$$SST = SSR + SSE$$

可决系数定义为

$$R^2 = \frac{SSR}{SST} = \frac{\sum (\hat{Y} - \bar{Y})^2}{\sum (Y - \bar{Y})^2}$$

式中,R^2 越大,则意味着回归变差 SSR 在总变差 SST 中占的比例越大,因而 $SSE = \sum (Y - \hat{Y})^2$ 越小,即 Y 与 $\hat{Y}$ 的差距越小,$\hat{Y}$ 对 Y 的拟合程度高,也就是说该回归模型的准确度越强。

可以证明,$0 \leqslant R^2 \leqslant 1$,即 R^2 越接近于 1,回归模型的"拟合优度"越好。

当 $R^2 = 1$ 时,观测值和回归模型完全拟合。

当 $R^2 = 0$ 时,说明因变量 Y 和自变量 X 之间完全没有直线相关关系,可能有其他曲线相关关系。

【例 9 - 4】 根据表 9 - 2 中回归模型的资料,计算其可决系数 R^2 的数据,见表 9 - 3。

表 9 - 3 可决系数计算表　　　　　　　　　　　　　单位:万元

序号	广告投入 X	月均销售额 Y	$\hat{Y}=11.6148+0.8849X$	$Y-\bar{Y}$	$(Y-\bar{Y})^2$	$(\hat{Y}-\bar{Y})$	$(\hat{Y}-\bar{Y})^2$
1	12.5	21.2	22.676 05	−21.05	443.102 5	−19.574 0	383.143 5
2	15.3	23.9	25.153 77	−18.35	336.722 5	−17.096 2	292.280 1
3	23.2	32.9	32.144 48	−9.35	87.422 5	−10.105 5	102.121 1
4	26.4	34.1	34.976 16	−8.15	66.422 5	−7.273 8	52.908 2
5	33.5	42.5	41.258 95	0.25	0.062 5	−0.991 1	0.982 3
6	34.4	43.2	42.055 36	0.95	0.902 5	−0.194 6	0.037 87
7	39.4	49.0	46.479 85	6.75	45.562 5	4.229 9	17.892 1
8	45.2	52.8	51.612 28	10.55	111.302 5	9.362 3	87.652 7
9	55.4	59.4	60.638 26	17.15	294.122 5	18.388 3	338.129 6
10	60.9	63.5	65.505 21	21.25	451.562 5	23.255 2	540.404 3
合计	346.2	422.5	—	—	1 837.185 0	—	1 815.551 8

$$R^2 = \frac{回归变差}{总变差} = \frac{\sum \hat{Y}_i - \bar{Y}^2}{\sum (Y_i - \bar{Y})^2} = \frac{1\,815.551\,8}{1\,837.185\,0} = 0.988\,2$$

计算结果表明,销售额的总变差 $\sum (Y-\bar{Y})^2$ 中,有 98.82% 可以由回归变差 $\sum (\hat{Y}_i - \bar{Y})^2$ 来解释,这说该企业年广告投入和销售额的回归方程 $\hat{Y}=11.6148+0.8849X$ 对真实的 Y 值有很好的拟合效果。

二、简单线性回归模型的显著性检验

对于变量 X 和 Y,一元直线方程是根据样本的数据求得,带有一定的随机性。依据一个样本资料计算的结果是否具有代表性?是否真正描述了在总体中变量 X 和 Y 之间的关系,即 X 和 Y 之间的关系是否真的具有直线函数关系?这就需要进行检验,即称之为对 $\hat{Y}=a+bX$ 的显著性检验。

根据样本得出的变量 X 和 Y 之间的回归直线为 $\hat{Y}=a+bX$,而总体变量 X 和 Y 之间的回归直线为 $Y=A+BX$。

因此,可以认为 a、b 是 A、B 的估计值,如何检验估计值的可靠性,主要有 t 检验和 F 检验两种方法。如果总体变量 X 和 Y 之间不存在直线关系,则意味着 $B=0$,即根据样本资料求得的回归直线方程 $\hat{Y}=a+bX$ 并不"显著"。因此对一元直线回归模型的检验,最主要的便是对回归系数 b 进行检验。

1. t 检验

t 检验是用来对回归系数 b 进行显著性检验的。

(1)提出假设,有
$$H_0:B=0 \quad H_1:B\neq 0$$

(2)构造 t 统计量为
$$t=\frac{b-B}{\sigma_b}$$

式中:σ_b 为回归系数 b 的标准差,则有
$$\sigma_b=\frac{S_{XY}}{\sqrt{\sum X^2-n(\bar{X})^2}}$$

(3)根据给定的显著性水平为 α,在 t 表中查找临界值 $t_{\frac{\alpha}{2}}(n-2)$。

(4)判断。若 $|t|<t_{\frac{\alpha}{2}}(n-2)$,则拒绝 $H_0:B=0$,得出 $B\neq 0$ 的结论,即线性方程 $\hat{Y}=a+bX$ 显著,检验通过;若 $|t|>t_{\frac{\alpha}{2}}(n-2)$,则结论相反。

【例 9-5】 在【例 9-1】中的一元直线回归方程 $\hat{Y}=11.6148+0.8849X$ 回归系数 $b=0.8849$,对其进行显著性检验($\alpha=0.05$)。已知 $\bar{X}=34.62$,又知 $S_{YX}=12.9$,则

$$\sigma_b=\frac{12.9}{\sqrt{14\,304.52-10\times(34.62)^2}}=\frac{12.9}{48.16}=0.2679$$

$$t=\frac{0.8849-0}{0.2679}=3.3031$$

可见 $|t|>t_{\frac{\alpha}{2}}(n-2)$,即总体回归系数 $B=0$ 的可能性小于 5%,因而拒绝 $H_0:B=0$,认为根据样本计算的回归系数 b 是显著的,这进一步说明了企业的广告投入与商品销售额之间确实存在线性关系,广告投入是影响商品销售额的显著因素。

2. F 检验

t 检验是对回归模型的参数 b 的显著性检验,F 检验是对线性回归模型进行显著性检验。

(1)提出假设,有

H_0:方程不显著;H_1:方程显著。

(2)构造 F 统计量为
$$F=\frac{\text{SSR}/1}{\text{SSE}/(n-2)}=\frac{\sum(y-\bar{y})^2/1}{\sum(y-\bar{y})^2/(n-2)}$$

可以证明,若回归方程的判定系数为 R^2,则有
$$F=\frac{R^2(n-2)}{1-R^2}$$

(3)根据给定的显著性水平为 α,在 t 表中查找临界值 $F_\alpha(1,n-2)$。

(4)判断。若 $F>F_\alpha$,则拒绝原假设"H_0:方程不显著",检验通过;若 $F<F_\alpha$,则接受原假设"H_0:方程不显著",即认为线性方程不显著。

需要指出的是,在一元直线回归中,F 检验和 t 检验是等价的,任一种检验通过,另一种必然通过。

三、相关系数、可决系数、回归系数,估计标准误差之间的关系

(1)如果变量 X 和 Y 之间确实存在着相关关系,且其相关形式为一元线性回归,可以证明,可决系数就是相关系数的二次方,即 $R^2=r^2$。在前例中,$r=0.9942$,但 $R^2=0.9882$,说明 X 只能解释 Y 的总变差中的 98.82%。

(2)可以证明相关系数 r、回归系数 b、估计标准误差 S_{YX} 以及 X 的标准差 σ_X、Y 的标准差 σ_Y 之间在数值计算上有如下的换算关系:

$$r=b\frac{\sigma_X}{\sigma_Y} \qquad b=r\frac{\sigma_Y}{\sigma_X} \qquad r=\sqrt{1-\frac{S_{YX}^2}{\sigma_Y^2}} \qquad S_{YX}=\sigma_Y\sqrt{1-r^2}$$

重点和难点

(一)相关分析概述

重点:相关分析的概念、种类。

(二)相关系数

重点:相关系数的概念及计算。
难点:相关系数的显著性检验。

(三)一元线性回归分析

重点:回归分析的概念、回归分析与相关分析的关系、简单线性回归分析。
难点:回归预测的置信区间。

(四)线性回归分析的评价和检验

难点:线性回归模型的准确性评价、简单线性回归模型的显著性检验。

同步综合练习

一、思考题

1. 什么是相关关系?什么是函数关系?二者之间有何区别和联系?
2. 相关关系的种类有哪些?
3. 相关分析的主要内容有哪些?
4. 简述相关分析与回归分析的关系是什么?
5. 什么叫相关系数?如何计算相关系数?
6. 相关系数反映的是两个变量之间的相关程度,还是反映变量值之间的相关程度?
7. 什么叫估计标准误差?它有什么作用?
8. 标准差和估计标准误差有什么区别?
9. 在直线回归方程 $\hat{Y}=a+bX$ 中,参数 a、b 的数学意义与经济意义是什么?怎样计算?

10. 相关系数和估计标准误差有何关系？
11. 为什么要对相关系数进行显著性检验？
12. 为什么要对回归模型进行显著性检验？
13. 评价回归模型准确性和可靠性的方法分别是什么？
14. 相关系数 r 与回归参数 b 之间存在什么关系？
15. 进行相关与回归分析应注意什么问题？

二、计算题

1. 表 9-4 为某工厂某年各月的产品产量和单位成本资料。

表 9-4 某工厂某年各月的产品产量和单位成本情况

月份	产量/t	单位成本/元
1	86	62
2	82	65
3	84	63
4	90	60
5	102	55
6	91	59
7	85	63
8	70	72
9	100	52
10	110	48
11	88	61
12	80	64

根据上述资料用简捷法计算相关系数。

2. 假定某企业某种产品产量与单位成本的资料见表 9-5。

表 9-5 某企业某种产品产量与单位成本情况

月份	产量/千件	单位成本/元
1	2	73
2	3	72
3	4	71
4	3	73
5	4	69
6	5	68

要求：

(1) 确定相关系数及直线回归方程，指出产量每增加 1 000 件时，单位成本平均下降多少元?

(2)假定产量为 6 000 件时,单位成本为多少元?单位成本为 70 元时,产量应为多少?

3.表 9-6 为某地居民 2000—2004 年人均收入与商品销售额资料。

表 9-6 某地居民 2000—2004 年人均收入与商品销售额情况

年份	人均收入/元	商品销售额/万元
2000	24	11
2001	30	15
2002	32	14
2003	34	16
2004	38	20

要求:

(1)用最小平方法求人均收入数列的直线趋势方程,并据以估计 2005 年和 2006 年的人均收入。

(2)确定商品销售额关于人均收入的直线回归方程,并预测 2005 年、2006 年的商品销售额。

(3)计算估计标准误差(用两种方法)。

4.根据下列资料编制直线回归方程 $Y=a+bX$ 和计算相关系数 r:

$$\overline{XY} = 146.5 \qquad \overline{X} = 12.6 \qquad \overline{Y} = 11.3$$
$$\overline{X^2} = 164.2 \qquad \overline{Y^2} = 841 \qquad a = 1.7575$$

5.表 9-7 为某地区 2000—2004 年每人平均月奖金收入资料。

表 9-7 某地区 2000—2004 年每人平均月奖金收入资料

年份	每人平均月奖金收入/元
2000	48
2001	60
2002	64
2003	68
2004	76

试确定直线趋势方程,并预测 2005 年人均月奖金收入。

6.表 9-8 为某工区 2000—2004 年职工生活费收入和商品销售额资料。

表 9-8 某工区 2000—2004 年职工生活费收入和商品销售额

年份	职工生活费收入/元	商品销售额/亿元
2000	560	87
2001	600	93
2002	610	100
2003	640	106
2004	700	114

要求计算:
(1)职工生活费收入和销售额之间的相关系数。
(2)估计回归直线 $Y=a+bX$,并估计当职工生活费收入为 750 元时,商品销售额为多少?
(3)估计标准误差。

7. 表 9-9 为是 10 家百货商店销售额和利润率的资料。

表 9-9 10 家百货商店销售额和利润率情况

商店编号	每人月平均销售额(X)/千元	利润率(Y)/%
1	6	12.6
2	5	10.4
3	8	18.5
4	1	3.0
5	4	8.1
6	7	16.3
7	6	12.3
8	3	6.2
9	3	6.6
10	7	16.8

要求:
(1)画出散点图,以横轴表示每人月平均销售额,纵轴表示利润率;
(2)观察并说明两变量之间存在何种关系;
(3)计算每人月平均销售额与利润率的相关系数;
(4)求出利润率对每人月平均销售额的回归方程,并在散点图中绘出回归直线;
(5)若某商店每人月平均销售额为 2 000 元,试估计其利润率;
(6)计算估计标准误差。

8. 表 9-10 为某家具厂生产家具的总成本与木材耗用量资料。

表 9-10 某家具厂生产家具的总成本与木材耗用量情况

月份	1	2	3	4	5	6	7
木材耗用量/km³	2.4	2.1	2.3	1.9	1.9	2.1	2.4
总成本/千元	3.1	2.6	2.9	2.7	2.3	3.0	3.2

要求计算:
(1)以总成本为因变量的回归直线方程;
(2)回归方程的估计标准误差;
(3)相关系数,判断其相关程度。

附 录

全真模拟试题

一、单项选择题(本大题共 20 小题,每小题 1 分,共 20 分。在每小题列出的备选项中只有一项是最符合题目要求的,请将其选出。)

1. 下列变量中,属于离散变量的是(　　)。
   A. 战斗机架数　　B. 企业产值　　C. 税收收入　　D. 家庭收入
2. 下列各项指标中,属于总量指标的是(　　)。
   A. 人口密度　　B. 工资总额　　C. 人均收入　　D. 性别比例
3. 年初全军士官人数属于(　　)。
   A. 时期指标　　B. 相对数指标　　C. 时点指标　　D. 平均数指标
4. 某年的粮食总产量与该年人口总数的比率叫该年人均粮食产量,人均粮食产量属于(　　)。
   A. 结构相对指标　　B. 动态相对指标　　C. 强度相对指标　　D. 弹性相对指标
5. 人口按照性别分为男性和女性两类,所采用的计量尺度是(　　)。
   A. 定比尺度　　B. 定序尺度　　C. 定距尺度　　D. 定类尺度
6. 某地区年生产总值 2012 年为 200 亿元,2017 年为 300 亿元,则该期间该地区生产总值的总增长速度是(　　)。
   A. 200%　　B. 100%　　C. 50%　　D. 10%
7. 下列各种抽样调查方法中,属于非随机抽样的是(　　)。
   A. 整群抽样　　B. 便利抽样　　C. 分层抽样　　D. 等距抽样
8. 对于算术平均数的大小起着权衡轻重作用的是(　　)。
   A. 权数　　B. 最大值　　C. 最小值　　D. 组中值
9. 标准差计算公式中的平均数是(　　)。
   A. 调和平均数　　B. 几何平均数　　C. 算术平均数　　D. 中位数
10. 衡量一个估计量抽样估计误差大小的指标是(　　)。
    A. 标准误　　B. 平均误差　　C. 样本误差　　D. 样本方差
11. 当两个变量的散点图近似一条直线时,这两个变量之间的相关关系称为(　　)。
    A. 正相关　　B. 负相关　　C. 线性相关　　D. 非线性相关
12. 在测定时间数列长期趋势时,估计趋势方程中参数最常用的方法是(　　)。

A. 分段平均法　　　B. 时距扩大法　　　C. 最小二乘法　　　D. 移动平均法

13. 下列选项中,属于第三产业的是(　　)。

A. 农林牧渔业　　　B. 建筑业　　　C. 电力业　　　D. 娱乐业

14. 失业率的计算公式是(　　)。

A. 就业人数/劳动力总数　　　　　B. 失业人数/劳动力总数

C. 失业人数/就业人数　　　　　　D. 就业人数/失业人数

15. 国民总储蓄率等于国民总储蓄额除以(　　)。

A. 投资总额　　　B. 居民储蓄　　　C. 国民可支配总收入　　　D. 最终消费支出

16. 下列金融机构中,不属于银行业非存款类金融机构的是(　　)。

A. 信托公司　　　B. 金融资产管理公司　　　C. 汽车金融公司　　　D. 财产保险公司

17. 下列各项中,属于物量类指数的是(　　)。

A. 产值指数　　　B. 产量指数　　　C. 销售额指数　　　D. 价格指数

18. CPI 指的是(　　)。

A. 产量指数　　　　　　　　　　　B. 股票价格指数

C. 居民消费价格指数　　　　　　　D. 生产者价格指数

19. 如果一个国家各个居民家庭之间的收入分配绝对平等,那么其基尼系数指标值是(　　)。

A. 等于0　　　B. 等于1　　　C. 大于0　　　D. 大于1

20. 负责组织实施我国生产者物价指数(PPI)编制工作的单位是(　　)。

A. 国家统计局　　　B. 国务院　　　C. 国家劳动局　　　D. 中国人民银行

二、多项选择题(本大题共5小题,每小题2分,共10分。在每小题列出的备选项中至少有两项是符合题目要求的,请将其选出,错选、多选或少选均无分。)

21. 下列属于时期指标的是(　　)。

A. 年初商品库存额　　　B. 月商品销售额　　　C. 季工业增加值

D. 年国内生产总值　　　E. 年末总人口数

22. 下列属于统计指标设计原则的有(　　)。

A. 目的性　　　B. 科学性　　　C. 可行性

D. 联系性　　　E. 直观性

23. 下列属于结构相对指标的是(　　)。

A. 士官人数占军队人员总人数的比例　　　B. 产品合格率

C. 恩格尔系数　　　　　　　　　　　　　　D. 老年人口系数

E. 人均国内生产总值

24. 下列指标中,离散程度的测度指标包括(　　)。

A. 极差　　　B. 四分位全距　　　C. 平均差

D. 中位数　　　E. 标准差

25. 下列用于测度时间数列特征的指标是(　　)。

A. 发展水平　　　B. 平均发展水平　　　C. 发展速度

D. 增长速度　　　E. 增长量

三、名词解释(本大题共5小题,每小题3分,共15分。)

26. 样本。
27. 指标。
28. 中位数。
29. 相关关系。
30. 时间数列。

四、计算题(本大题共4小题,每小题10分,共40分。要求写出主要计算步骤及结果。)

31. 某军工企业2017年第一季度的职工人数资料见附表1。

附表1 某军工企业2017年第一季度职工人数

时间/月	一	二	三	四
月初职工人数/人	600	580	620	600

试计算该军工企业2017年第一季度的平均职工人数。

32. 已知某班40名同学统计学原理考试成绩见附表2。

附表2 某班40名同学统计学原理成绩分布

成绩分组/分	人数/人	比例/%
<60	3	7.5
60~70	6	15.0
70~80	14	35.0
80~90	11	27.5
≥90	6	15
合计	40	100.0

试计算其平均成绩。

33. 某乡共有农户3 000户,用简单不重复抽样方法抽查其中150户,求得平均每户年纯收入为10 520元,标准差为2 000元。试计算平均每户年纯收入的抽样标准误。

34. 已知某地区2012—2017年地区生产总值资料见附表3。

附表3 某地区2012—2017年地区生产总值

年份	2012	2013	2014	2015	2016	2017
地区生产总值/亿元	9405	9926	9875	10656	11830	13161

试计算2012—2017年各年的逐期增长量和环比增长速度。

五、简答题(本大题共3小题,每小题5分,共15分。)

35. 简述数据调查的一般程序。
36. 简述标准差和平均差的概念和异同点。
37. 简述影响标准误的因素。

全真模拟试题参考答案

一、单项选择题（本大题共20小题，每小题1分，共20分。）

1. A 2. B 3. C 4. C 5. D 6. C 7. B 8. A 9. C 10. A 11. C 12. C 13. D 14. B 15. C 16. D 17. B 18. C 19. A 20. A

二、多项选择题（本大题共5小题，每小题2分，共10分）

21. BCD 22. ABCD 23. ABCD 24. ABCE 25. ABCDE

三、名词解释题（本大题共5小题，每小题3分，共15分）

26. 样本是指从总体中随机抽取出来，并作为其代表的那一部分个体所组成的子集。

27. 指标是用来测度研究对象某种特征数量的概念称为统计指标，简称指标。

28. 中位数是指将某一变量的变量值按照从小到大的顺序排成一列，位于这列数中心位置上的那个变量值。

29. 相关关系是指两个变量之间存在着一定的联系，但又不是严格的、确定的关系，这样的关系称为相关关系。

30. 时间数列是把不同时间上的同一指标数据按时间先后顺序排列所形成的数列。

四、计算题（本大题共4小题，每小题10分，共40分。）

31. 解：由于表中月初职工人数时间序列属于间隔相等的时点序列，故其计算方法如下：

$$\bar{y} = \frac{\frac{y_1}{2} + y_2 + \cdots + \frac{y_n}{2}}{n-1} = \frac{\frac{600}{2} + 580 + 620 + \frac{600}{2}}{4-1} \text{人} = 600 \text{人}$$

32. 解：

组中值(x)/分	人数(f)/人	频率$\left(\dfrac{f}{\sum f}\right)$/%	xf
55	3	7.5	165
65	6	15.0	390
75	14	35.0	1 050
85	11	27.5	935
95	6	15	570
合计	40	100.0	3 110

$$\bar{x} = \frac{\sum xf}{\sum f} = \frac{\sum 3110}{\sum 40} \text{分} = 77.75 \text{分}$$

33. 解：由题意知 $N = 3\,000$，$n = 150$，该抽样方式为不放回简单随机抽样，则样本均值的抽样标准误为

$$\bar{\sigma} = \sqrt{\frac{s^2}{n}\left(1 - \frac{n}{N}\right)} = \sqrt{\frac{2\,000^2}{150} \times \left(1 - \frac{150}{3\,000}\right)} \text{元} = 159.16 \text{元}$$

34. 解：

2013 年比 2012 年的增长量＝9 926 亿元－9 405 亿元＝521 亿元；
2014 年比 2013 年的增长量＝9 875 亿元－9 926 亿元＝－51 亿元；
2015 年比 2014 年的增长量＝10 656 亿元－9 875 亿元＝781 亿元；
2016 年比 2015 年的增长量＝11 830 亿元－10 656 亿元＝1 174 亿元；
2017 年比 2016 年的增长量＝13 161 亿元－11 830 亿元＝1 331 亿元。

环比增长速度依次为

$$\frac{521}{9\,405} \times 100\% = 5.54\%$$

$$\frac{-91}{9\,926} \times 100\% = -0.51\%$$

$$\frac{781}{9\,875} \times 100\% = 7.91\%$$

$$\frac{1\,174}{10\,656} \times 100\% = 11.02\%$$

$$\frac{1\,331}{11\,830} \times 100\% = 11.25\%$$

五、简答题（本大题共 3 小题，每小题 5 分，共 15 分。）

35. 简述数据调查的一般程序。数据资料的调查活动是一项非常复杂而又细致的工作，其工作程序主要包括：①制定数据调查的方案（2 分）；②现场观察登记取得数据（2 分）；③数据的整理与显示（1 分）。

36. 简述标准差和平均差的概念和异同点。①平均差是变量的各个取值偏差绝对值的算术平均数（1 分）。②标准差是变量的各个取值离差平方的平均数的平方根，又称根方差（1 分）。③标准差和平均差，同样是根据一组变量值中的所有变量值计算差异程度，也同样以算术平均数作为标准，所不同的是：标准差不是离差的绝对值求平均数，而是用离差的二次方求平均数。通过离差平方和的运算不但可以消除离差正负项的差别，而且还强化了离差的信息，使其在数学性质上也有许多明显的优越性。因此，标准差在实践中较平均差应用更广泛（3 分）。

37. 简述影响标准误的因素。①总体中各个体之间的差异程度（1 分）。②样本容量的大小（2 分）。③抽样的方式与方法（2 分）。

参 考 文 献

[1] 王文博,赵昌昌.统计学:经济社会统计[M].西安:西安交通大学出版社,2005.
[2] 吴润,薛襄稷.统计学:数据分析方法的 SPSS 应用[M].西安:西安交通大学出版社,2015.
[3] 邱东.国民经济统计学[M].3 版.北京:高等教育出版社,2018.
[4] 侯峰.国民经济统计概论[M].北京:中国人民大学出版社,2015.
[5] 曹刚,李文新.统计学原理[M].2 版.上海:上海财经大学出版社,2010.
[6] 管于华.统计学[M].北京:高等教育出版社,2013.